第**34**版 東京都
主任試験
ハンドブック

都政新報社

はしがき

　いつの時代も「組織は人なり」といわれます。時代の変化とともに都政を取り巻く状況が厳しくなり、この言葉の意味が改めて問われているのではないでしょうか。

　東京都庁に限らず、様々な組織でその命運を握るのは、組織活動を支える職員一人ひとりの力量です。都政においても事務の効率化や少数精鋭が求められ、具体的に課題を把握し、その解決策を的確かつスピード感を持って自ら導き出せる知識や能力を有する職員の存在は欠かせません。主任とは、日常業務を通じた様々な課題に的確に対応できる者として、能力実証された実務の中枢を担う職員です。

　また、主任級職選考は、人事任用制度の入り口として、その後の課長代理級、管理職昇任へのいわば登竜門です。

　2023年度（令和5年度）の主任級職選考の合格者は、種別A・Bを合わせて1005人でした。合格率はAⅠ類で41.9％、AⅡ類で31.2％、Bで53.0％、全体では41.0％です。決して簡単な選考ではありませんが、日々の職務をきちんとこなし、計画的に準備を積み重ねれば、誰にでも合格チャンスのある選考です。

　本書は、都政新報に連載した「主任選考講座」を再編集してまとめたものです。令和6年度からの都主任級選考の内容の見直しに対応し、忙しい方にとっても、効率的・効果的に勉強を進めるための道しるべとして活用できるように工夫しました。弊社で発行している地方自治法、地方公務員法、行政法の『実戦150題』シリーズや、1日10分の『買いたい新書』シリーズなども、あわせてご活用いただければ幸いです。

2024年6月

　　　　　　　　　　　　　　　　　　　㈱都政新報社　出版部

はしがき

第3章 論文攻略法

主任級選考制度
の概要

第1節 主任級選考の内容

主任とは

　すでに主任を目指している皆さんには、何を今さらと思われるかもしれません。が、ここで改めて主任とは何か、整理したいと思います。

　「主任制度」は昭和61年度に導入されました。現行の人事制度上、主任とは「特に高度な知識または経験を必要とする係員の職」となっています。具体的には、他の部署との折衝や調整、組織内・外における円滑なコミュニケーションの確保、後輩職員の指導などを通じ、監督職を補佐することが主任の職責と言えます。また、主任は各職場における中核を担う職員として、なくてはならない存在であり、職員一人ひとりの資質・能力の更なる向上が求められています。

　そして、課長代理選考や管理職選考は、主任にならないと、その対象とはなりません。したがって将来、監督職や管理職として都政運営に携わっていきたいと考えている皆さんには、どうしても越えなければならない第一の関門となります。

　主任級職選考に合格するためには、基礎的法令等に関する知識や都政に関する知識、そして自らの視点で課題を抽出し、分析、解決策を考えて、論理的に論述する表現力など、広範囲の知識や能力が要求されます。これらは、主任級職員として仕事をしていくにあたり必要不可欠な、最低限の知識や能力となります。したがって、主任級職選考に向けた対策を単なる「試験勉強」として捉えるのではなく、これを契機に都職員としてのキャリアアップを図るのだ、という前向きな姿勢で取り組むことが合格の道へとつながっていきます。

基礎力確認テストの新設と教養問題（択一式）の廃止

都人事委員会事務局は、令和6年度から都主任級選考（種別A）の内容を見直す方針を発表しました。都職員として必要な基礎的知識の習得を目的として、「基礎力確認テスト」を新設し、教養問題（択一式）を廃止します。確認テストは選考の一部ではなく、確認テストの合格をもって選考の受験資格（筆記考査の対象）を得られる位置づけになります。

確認テストの出題分野は、「基礎的法令（憲法・行政法）の基礎知識」「地方自治制度」「地方公務員制度」「都政実務」とし、「都政事情」からの出題はなくなります。出題数は、現行の教養問題（択一式）より少なくなります（図表参照）。

確認テストは一定の基準に達することで合格とし、一度合格すればその後の受験は必要ありません。

令和6年度選考の教養問題の受験が免除されている職員は、確認テストに合格しているものとして取り扱われます（令和元年度以降の選考で教養問題免除になった職員は確認テストの受験が不要）。

なお、教養問題B（記述式）と専門記述の免除期間（5年間）に変更はなく、現在免除期間中の受験者も免除期間が経過した場合は、再度受験する必要があります。

AⅠ類（土木、建築、機械、電気、ICT）の教養記述は引き続き、選考の筆記考査として実施します。これまでは、教養問題（択一式）と教養記述のそれぞれの成績が一定の基準に達した場合に両方を合わせて免除していましたが、見直し後は、教養記述の成績が一定の基準に達した場合に、教養記述が翌年度の筆記考査から5年間免除されます。

選考の見直しの概要は次ページの表の通りです。

※主任級職選考は「確認テスト」以外の部分。同選考は確認テストの合格が受験資格となり、選考の合格は、筆記考査、勤務評定、専門知識評定（（3）のみ）及び専門能力評定（（4）のみ）の成績を総合して決定。

主任級選考見直しの概要

■（1）主任ＡⅠ類（事務）

現　行				見直し後			
筆記考査	教養問題Ａ〔択一式〕	統計資料の見方	2	筆記考査	基礎力確認テスト	―	0
		基礎的法令（憲法の基礎知識）	3			基礎的法令（憲法の基礎知識）	3
		基礎的法令（行政法の基礎知識）	10			基礎的法令（行政法の基礎知識）	8
		地方自治制度	10			地方自治制度	8
		地方公務員制度	10			地方公務員制度	8
		都政実務	13			都政実務（統計資料の見方を含む）	13
		都政事情	7			（出題なし）	0
		55題（2時間45分）				40問（2時間）	
	論文	都政に関する出題 又は 職場に関する出題 2題出題、1題選択解答 合計1,500字〜2,000字程度			論文	都政に関する出題 2題出題、1題選択解答 合計1,500字〜2,000字程度	
		2時間30分				2時間30分	
勤務評定	筆記考査の受験者（教養問題のみの受験者を除く）を対象に、業績評価に基づいて、任命権者が評定する			勤務評定	筆記考査の受験者を対象に、業績評価に基づいて、任命権者が評定する		

■（2）主任ＡⅠ類（土木、建築、機械、電気、ICT）＊

現　行				見直し後			
筆記考査	教養問題Ａ〔択一式〕	統計資料の見方	2	筆記考査	基礎力確認テスト	―	0
		基礎的法令（憲法の基礎知識）	3			基礎的法令（憲法の基礎知識）	3
		基礎的法令（行政法の基礎知識）	6			基礎的法令（行政法の基礎知識）	5
		地方自治制度	6			地方自治制度	6
		地方公務員制度	8			地方公務員制度	8
		都政実務	13			都政実務（統計資料の見方を含む）	13
		都政事情	7			（出題なし）	0
		45問（2時間15分）				35問（1時間45分）	
	教養問題Ｂ〔記述式〕	基礎的専門知識について、記述式（語句説明及び計算問題）による7題出題、3題選択解答			教養問題Ｂ〔記述式〕	同左	
		1時間				1時間	
	論文	都政に関する出題 又は 職場に関する出題 2題出題、1題選択解答 合計1,500字〜2,000字程度			論文	都政に関する出題 2題出題、1題選択解答 合計1,500字〜2,000字程度	
		2時間30分				2時間30分	
勤務評定	筆記考査の受験者（教養問題のみの受験者を除く）を対象に、業績評価に基づいて、任命権者が評定する			勤務評定	同左		

＊ ICT区分については、令和6年度選考から前倒し受験が可能となる。

10

■（3）主任AⅡ類（看護区分を除く）

現　行			
筆記考査	教養問題〔択一式〕	統計資料の見方	2
		地方公務員制度	8
		都政実務	13
		都政事情	7
		30問（1時間30分）	
	論文	都・局に関する出題 又は 職場に関する出題 2題出題、1題選択解答 合計1,500字〜2,000字程度	
		2時間30分	
専門知識評定		筆記考査の受験者（教養問題のみの受験者を除く）を対象に、基礎的な専門知識について、任命権者が評定する	
勤務評定		筆記考査の受験者（教養問題のみの受験者を除く）を対象に、業績評価に基づいて、任命権者が評定する	

見直し後			
筆記考査	基礎力確認テスト	−	0
		地方公務員制度	7
		都政実務（統計資料の見方を含む）	13
		（出題なし）	0
		20問（1時間）	
	論文	都・局に関する出題 又は 都政に関する出題 2題出題、1題選択解答 合計1,500字〜2,000字程度	
		2時間30分	
専門知識評定		筆記考査の受験者を対象に、基礎的な専門知識について、任命権者が評定する	
勤務評定		筆記考査の受験者を対象に、業績評価に基づいて、任命権者が評定する	

■（4）主任AⅡ類（看護区分のみ）

現　行		
筆記考査	専門記述	看護区分の基礎的専門知識について、記述式による 2題出題、1題選択解答
		1時間30分
	論文	都・局に関する出題 又は 職場に関する出題 2題出題、1題選択解答 合計1,500字〜2,000字程度
		2時間30分
専門能力評定		筆記考査の受験者（専門記述のみの受験者を除く）を対象に、専門知識・技術について、任命権者が評定する
勤務評定		筆記考査の受験者（専門記述のみの受験者を除く）を対象に、業績評価に基づいて、任命権者が評定する

見直し後		
筆記考査	専門記述	同左
		1時間30分
	論文	都・局に関する出題 又は 都政に関する出題 2題出題、1題選択解答 合計1,500字〜2,000字程度
		2時間30分
専門能力評定		同左
勤務評定		同左

11

基礎力確認テストの実施方法

　これまで述べてきた通り、令和6年度から都の主任級職選考が改正されます。ここでは、人事委員会が発表した確認テストの実施方法などについて説明します。

【確認テストの概要】
・主任級職選考を受験する場合は、確認テストに合格し、かつ必要な在職年数と年齢要件を満たすことが必要となります。
・確認テストは一定の基準点に達すれば合格となり、一度合格すれば以降の受験は必要ありません。
・令和6年の教養問題の受験が免除されている人は、確認テストに合格しているものとみなされます（令和元年〜令和5年の教養問題に合格した人は確認テストの受験が不要です。平成30年以前の教養問題に合格した人は確認テストの受験が必要です）。
・択一より出題分野・出題数は少なくなります。

【確認テストの受験の仕組み・取り扱い】
・令和6年10月（予定）からCBT（Computer Based Testing）方式で受験を開始します。
・令和6年のみ、現行の択一受験対象者は主任試験当日にもマークシートの確認テストが受験できます（特例実施）。
・受験できる回数は、令和6年度は年度末までの間に1回（特例実施の対象者は、特例実施・通常実施の計2回）です。令和7年度以降は、年間計2回（半年間ごとに1回まで）の予定です。
・受験対象は採用1年目から（正式採用後）となります。
・令和7年以降の主任級職選考の受験資格は、確認テストに合格し、かつ必要な在職年数と年齢要件を満たせば受験が可能となります。※当年度の主任試験を受験するためには、別途指定する期日までに確認テストに合格することが必要です（期日以降に確認テストに合格した場合は、翌年度以降の主任試験の受験資格を得ることになります）。

・勤務時間外（勤務終了後や休暇の取得など）に受験します。

・出題は、従来の主任級職選考の択一の出題内容を基本とし、択一式で出題します。

【CBT方式のイメージ】

・確認テストを受験するには、受験者が事業者の提供するCBTサービスの個人ページにログインし、受験する場所や日程、時間などを選択して予約します。

・予約した日時に会場に行き、受付で本人確認をします。専用端末で確認テストの画面に接続し、パソコンで択一式の問題に解答します。問題は出題分野ごとの出題ルールに従って、ランダムで出題されます。そのため、同日に受験しても異なる問題が出題されます。

受験のしくみ・取り扱い

項目	令和6年9月　特例実施	令和6年10月（予定）から　通常実施
受験できる日時・会場	指定の日時（令和6年主任試験当日）・会場	令和6年10月（予定）以降の日時・会場を選択
受験できる回数	上記1回のみ	令和6年度　年度末までの間に1回（特例実施の対象者は、特例実施・通常実施の計2回となる） 令和7年度〜　年間計2回（半年間ごとに1回まで）【予定】
受験対象	主任試験の受験資格を得る前年度（択一の前倒し受験の対象者）から	**採用1年目から**（正式採用後）
主任試験の受験資格	令和6年の主任試験は、これまでどおり、必要な在職年数と年齢要件を満たせば受験可能	令和7年以降の主任試験は、確認テストに合格し、かつ必要な在職年数と年齢要件を満たせば受験可能 ※当年度の主任試験を受験するためには、**別途指定する期日までに確認テストに合格**することが必要（期日以降に確認テストに合格した場合には、翌年度以降の主任試験の受験資格を得ることになる）
受験の方法	マークシート方式	**CBT方式**
服務等の取扱い	日曜日に実施（該当者には職免も可）	勤務時間外（勤務終了後や休暇の取得など）に受験
出題の内容	択一における出題内容を基本とし、択一式で出題。	
合格の決定	**合格基準点以上の成績で合格**	
合格の効力	一度合格すれば、**以降の受験は不要**（資格試験化）	
現行の択一受験免除との関係	令和6年選考の教養問題の受験が免除されている人は、確認テストに合格しているものとみなす ・令和元年〜令和5年の教養問題に合格した人は確認テストの受験が**不要** ・平成30年以前の教養問題に合格した人、合格したことがない人は確認テストの受験が**必要**	

論文

　主任級選考（種別Ａ）類の論文試験では、２時間30分で1500～2000字程度の論文を作成します。論文では、問題意識・問題解決力・論理性・表現力等が問われることになります。いきなり合格レベルの論文を書き上げるのは至難の業です。まずは一本書くことを目標にしましょう。完成した論文は、必ず先輩や上司に見てもらい、指導や添削を受けるようにすることが大切です。

　なお、論文の出題形式は、令和６年度から都主任級選考では、以下のようになります。

主任ＡⅠ類＝「都政もの」２題から１題の選択解答

主任ＡⅡ類＝都・局に関する出題または都政に関する出題各１題から１題の選択解答

※「職場もの」からの出題はなくなります。

同僚と報告で気持ちを維持／主任A事務

　私は出先の事務所で令和元年度に前倒しで択一試験を受験して択一免除となり、令和2・3年度に論文試験を職場もので受験し、令和3年度に合格しました。私の試験対策について記載させていただきます。

○択一試験について

　択一の勉強は年明けから少しずつはじめ、都政新報や問題集を用いて、問題をひたすら解き続けました。とにかく解いてみて、解説を見て理解するということを繰り返しました。都政実務については、問題集で疑問を感じたら『都政ハンドブック』で確認し、知識を深めるようにしていました。都政事情については対策しきれなかったのですが、都政事情で点を取れなくても合格水準に達する程度に他の科目を仕上げました。

○論文試験について

　論文の勉強はこれまであまり経験したことのないものであり、気が乗らず、令和2年度は6月ごろからなんとなく準備を始めていたのですが、そのときは都政ものか職場ものかも決めかねており、今思うと準備らしい準備ではなかったと思います。8月に職場ものをやることを決め、課題の抽出方法等、一から課長に教えてもらい、先輩職員の論文例を参考にしながら、なんとか基本的な型を身に付け、当日に臨みました。

　試験が始まると、視界が真っ暗になるのを感じました。設問の職場は出勤が週1日で同担当内の職員が顔を合わせることがないという、かなりテレワークが推進されている設定でした。これはやばい、全然想定していなかった、と焦りながら、準備していたフレーズをつなぎ合わせて必死に書きました。後々考えると、当時はコロナ禍になりテレワークが一層推進されている

15

なか、それを絡めた問題が出題される可能性は高かったと思いますが、私は対策に着手するのが遅く、基本的な型を身に付けるのが精いっぱいで、対応できる力が全く足りていませんでした。

　そこで翌年度は、4月時点で職場ものに狙いを定め、準備を進めていきました。所属課長の指導を受けながら過去問や予想問題に順番に取り組んでいき、1本ずつ論文を完成させていきました。

　勉強を進めていくと、行き詰まっていく感覚がありました。その悩みを所属課長に相談したところ、年が近い主任職員に論文を見てもらうと良いとアドバイスをいただき、近くの課の主任職員に論文添削を依頼しました。その結果、課長からの指摘とはまた違う、主任ならではの観点からのコメントを得ることができ、論文をブラッシュアップすることができました。

　8月後半に差し掛かってくると、本来は最後のひと踏ん張りが必要な時期ですが、中だるみのような精神状態になりました。そこで私は、同僚の主事職員に声を掛け、2人で期限を決めて課題を出し合って、定期的に報告し合うことにしました。期限を設けることで、期日までに仕上げないと同僚に迷惑をかけるというプレッシャーを自分に与えることができますし、報告し合うことで、正しい課題抽出、自分では思いつけない解決策に気付くこともできて、モチベーションや対応力を高めることができました。

　そして当日を迎えました。令和3年度の問題では、他部署への応援要請が検討されている職場が設定されていました。そのような設定の問題を解いたことがなく、またも目の前が暗くなりかけましたが、時間をかけて準備をやってきた自信を背に、心を折ることなく書き進めることができました。結果、一緒に頑張った同僚とともに、私は合格することができました。

　職場ものの試験を2回受けて実感したのは、職場ものはいくら対策をしても、提示される職場の設定によって、当日にある程度の応用が必要になるということです。どのような問題が出題されても落ち着いて対応するためには、様々な方の力を借りて、時間をかけて、しっかり準備していくことが大切です。

　主任級職選考を受験される皆様は、頼れる課長、先輩職員、同僚を見つけて、みんなでこつこつと取り組んでいってください。皆様が笑顔で良い結果を迎えられることを心より祈念しております。

満点を取る気持ちで／主任Ａ事務

　私は択一テストを2回目で免除になり、論文試験は4回目で合格しました。主任試験にはかなり苦労したので、私の失敗や苦悩の跡が誰かのためになればと思い、記述させていただこうと思います。

○**択一試験について**

　私が1回目の択一試験を受けた時は、局の中でも忙しい部署にいて、平日は勉強する時間が取れませんでした。そこで最小限の努力で合格しようと、先輩のお勧めする問題集を夏頃から繰り返し解くだけでした。

　2回目の時は1回目のやり方を反省し、4月から問題集や過去問に取り組みました。またこの年は、時間の取りやすい部署に異動できたこともあり、出勤前、勤務後、土日と択一試験対策に取り組むことができました。出勤前は1時間、勤務後は2時間程度、問題集を解き、休日は午前午後と場所を変えて、解けなかった問題の復習をじっくり行いました。苦手な行政法は公務員試験対策の本を買い、基本からやり直し、また判例を読むなどして苦手を無くしていきました。

　1回目は平均点を超えようと思い勉強していましたが、2回目は満点を取ろうという気持ちで臨み、択一試験に合格をすることができました。択一試験は年々難しくなっていると思います。手を抜かず、早め早めの準備をすることが大切だと思います。

○**論文試験について**

　論文試験は1回目がC判定、2回目がB判定、3回目はA判定で不合格になり、4回目で合格しました。

　1回目の時は択一試験とW受験だったため、論文には力を入れることができませんでした。

　2回目の時は、所属の課長と先輩に論文を添削してもらいました。2回目の試験を振り返ると、添削された論文を所属長に返されても自分自身が納得できていなかったと思います。結局、どのように書けばよいのか理解しきれませんでした。この時は、論文のパターンをいくつか用意し、ケースごとに

用意したものを本番で組み合わせるというやり方にしました。

　3回目の時は、所属長にも添削してもらいましたが、同期に添削してもらいました。フラットな関係で添削してもらったので、意味が伝わりにくいところをはっきり示してもらい、私も納得がいかないところや理解できないところをしつこく聞くことが出来ました。また、目立った論文を書こうとせず、伝わる論文を書くことに焦点を当てました。実際の職場をイメージして、実現性のある対応策を具体的に書くことで、伝わる論文の完成度を上げていきました。

　この時は論文でA判定をとりましたが、試験自体には不合格でした。この時点で、もう受験するのは辞めようと思いました。私の周りでもA判定で落ちている人が何人もいました。これから受験をされる方には、A判定でも不合格になる人がいるということを知っておいてほしいと思います。ですので、B判定でも合格すると思って準備するのではなく、A判定でも落ちる人がいるという前提で十分に準備してほしいと思います。

　私は、主任試験に合格するのに何年もかかりました。択一も論文も、最初はなんとなく受けていて、このくらいで合格できるだろうという甘い気持ちが原因で不合格になったと思います。択一も論文も、受験期間は頑張り時です。自分の中で十分にやったと、納得して試験に臨めることが理想だと思います。

　ただ、様々な理由で時間を取れない方や、論文や勤評で十分に結果を出しても不合格になってしまう方もいると思います。試験はあくまでキャリア形成の一つであって、日々の仕事や家族や生活のために尽力している方々に、心から敬意を表します。そして、これから試験を受けようとされる皆様を、心から応援しています。頑張ってください。

時間配分のマスターがカギ／主任A事務

　私は令和元年度に前倒しで択一試験を受験して択一免除となり、令和2年度に論文試験を受験して主任試験に合格しました。私なりの試験対策や、勉強のポイントを率直に記載したいと思います。

○択一試験について

　択一試験の勉強は、試験の1年半ほど前から「職員ハンドブック」の読み込みや、地方公務員法・地方自治法の問題集に取り組みました。しかしながら、肝心の前倒し受験の該当年は、初めての異動の年でもあり、7月ごろまで受験勉強から遠のいてしまい、結局、直前期に詰め込んだ形になってしまいました。

　当時はこのことを後悔していましたが、結果としては、期間を空けて再度取り組むことで自分の苦手な箇所を浮き彫りにすることができ、対策することができました。そういう意味では、やはり早いうちから対策をしていたことが合格の鍵になったのではないかと振り返っています。

　択一試験の勉強のポイントは、「何度も繰り返し問題を解くことで確実に知識を定着させる」ことにあると考えます。択一試験では、過去に出題された問題と類似した出題が多く見られます。私は同じ問題集を3周し、必ず毎回の回答の記録を問題集の端に残すようにしました。何度も間違えてしまう問題はノートに書きとめ、すぐに確認できるようにしました。

　その際、単に正解・不正解を記すだけでなく、「正解だったけど、選択肢1と2で迷った」とか「間違えたけど、この部分を勘違いしていることがわかった」といったように詳細に残すようにしていました。

○論文試験について

　論文試験の勉強は、所内で行われていた模擬論文試験に合わせて、GW前から取り組みました。私は今までの仕事内容や職場環境、自分自身の適性を鑑み、「職場もの」を選びました。

　当初は、論文に対する苦手意識があまりなく、最初に取り組んだ模擬論文でも自分なりによく書けたという自負があったのですが、いざふたを開けてみると、その結果は良いものではありませんでした。

　ですが、早い段階で自分の論文の癖や、採点する側の着眼点に気づくことができ、非常に良い機会になりました。その後も2〜3回ほど、課長や先輩職員に添削をお願いしながら、過去問題や練習問題に取り組んでいくうちに自分の書き方を確立することができました。

　特に合格者の再現論文を読み込み、論文の「型」や、自分の考えと合致する言い回しやキーワードを取り入れつつ自分なりにアレンジすることで、論

文の精度が上がったように感じました。

　最初のうちは、時間を気にせず論文を書き切ることに注力しました。慣れてきたら実際に試験時間どおりに演習を行っていたのですが、はじめは時間内に書ききることが難しく、非常に苦労しました。試験直前期でも、時間内ギリギリで書き終わることもあり、最後まで苦労した部分でした。

　先述の理由から、論文試験対策の一番のポイントは、時間配分をマスターすることにあると考えます。そのためには、月並みではありますが、やはり数多くの問題にあたり、論点をすぐに整理する「頭の慣れ」と、実際に手を動かす「体の慣れ」を獲得することが重要だと感じました。

　私は、本番では15分以上時間を余らせて書き終えることができたので、最後に誤字・脱字や文字の乱れ、主語と目的語がずれていないかなどをチェックすることができ、それでも時間が余ったので、部分的に内容を充実させるように加筆修正することもできました。

　時間が余ると気持ちに余裕ができ、書き進めていく中では思いつかなった、より良い内容や表現が湧いてくることもあり、これが合格につながったのではないかと振り返ります。

　主任試験は、多くの方にとって入都後初めての大きな関門であり、仕事と両立をしながら勉強を続けることは時に困難な場面もあるかと思います。最後までプレッシャーに負けずに走り抜くために大事なことは、「できる限りの対策を行い、自信をもって臨む」ことだと思います。ぜひ悔いのないように最後まで頑張ってください。皆様の合格を心より祈念しております。

論文は応用力が重要／主任Ａ事務

　私は令和元年度に前倒しで択一試験を受験して択一免除となり、令和２年度に論文試験を受験して主任試験に合格しました。本番に向けてどのように勉強を進めたのか、試験勉強を通して感じたことなどをお伝えできればと思います。

○択一試験対策について
　私が本格的に勉強を始めたのは、択一試験の２カ月前くらいからだと思い

ます。以下、勉強方法などをお伝えします。

まず、過去問などから科目ごとの出題数を確認し、科目ごとにどの程度勉強していくかの計画を立てました。その上で、演習を中心に過去問や問題集を解き、間違えたところのみもう一度解くという作業を繰り返し、自身の理解度を高めていきました。

択一試験対策にあたっては、演習で解ける問題数をいかに増やせるかが重要だと思います。テキストは、解説を読んで理解度が不足していると感じた場合や体系的に内容を整理できていないと感じたときに参照しました。演習の際は、問題の選択肢5つの中から1つを選ぶという解き方ではなく、選択肢1つずつ、正しいか誤っているかを回答し、答え合わせをしながら解き進めました。

また、判断の理由をきちんと考えることによって、正しい知識を身に付けるようにしました。試験の際にどの科目の難易度が高いかは試験を受ける年度によるので、出題数が多い科目に多く勉強時間を割きながらも、設問数が少ない科目も勉強し、どの科目でも得点できるような準備はしておきました。

○論文試験について

本格的に試験勉強を始めたのは、論文試験の3カ月前くらいからだと思います。テーマは私の受験時には都政ものと職場ものがありましたが、勉強時間の観点から考えて、職場ものにしぼって勉強しました。以下、勉強方法などをお伝えします。

まず、過去問と合格者の再現論文をもとに、論文の構成を分析し、論文の「型」の検討、論文に活用できそうな表現のピックアップを行いました。その後、過去問を題材として自分で論文を書き、課長級職員に添削をお願いしました。

私の場合は、複数の課長に添削をお願いしました。複数の課長にお願いすることで、異なる視点からの指摘を受けることになるので、参考にすることができると思います。添削で指摘を受けた箇所は、自分なりに再度整理し、納得した上で修正することを心掛けました。

また、論文の添削と並行して、課題の切り口ごとに、課題、問題点、課題を放置した場合の影響、解決策、効果をまとめたレジュメを作成して整理しました。レジュメの中身を厚くすることで、本番の試験の際にも応用が利く

と思います。

　試験の1カ月くらい前には、本番の試験を意識し、時間を計って論文を書く練習を行いました。パソコンで論文の文章を作成するだけでなく、本番を想定して書くことで時間配分をイメージできたので、やっておいた方がよいと思います。

　時間配分については、論文のどの箇所でどの程度の時間をかけるかをあらかじめある程度決めていました。当日はその時間配分を意識して解くことで、大幅な遅れを防げると思います。私は試験を受ける年に残業量がかなり多い部署に所属していたので、休日にまとまった時間を確保して論文を書くようにしました。平日は、レジュメのストックを考えたり、作成したレジュメに目を通すといった勉強をしていました。

　主任試験の際には、問題が難しくて焦りが生じるかもしれません。その際は、自分だけではなく、周りの人もそう感じていると考え、落ち着いて問題に取り組むことが重要だと思います。私の体験記が今後受験される方にとって少しでもお役に立てましたら幸いです。

第2章

基礎力確認テスト

憲法

憲法は国の最高法規であり、その習得は公務員として職務を行っていく上で必須であることは言うまでもありません。また、令和3年6月に「日本国憲法の改正手続きに関する法律」(いわゆる「国民投票法」)が一部改正されたことや、憲法改正の是非に対する見解が日々有識者から出されるなど、憲法に対する社会的な関心も広がりつつあります。今回、試験対策として学んでいくことは、今後の職務に生かせるだけでなく、社会動向を知るためにも有益ですので、出題数は決して多くはないですが、ぜひ腰を据えて勉強してください。

次に、個別の出題分野を見ていきましょう。基本的人権の分野では、問題集などの勉強を通じて、憲法の本質的な考え方を理解すれば、本番の試験でも正答に結びつきやすくなります。統治機構の分野では、細かい事項まで問われることが多く、憲法の条文をある程度暗記することで得点につながると考えられます。

出題傾向

令和6年度から実施される基礎力確認テストでは、憲法は基礎的法令の基礎知識の一環として問われることとなり、出題数は従来と同じ3問となっています。出題数が3問になった平成15年度以降では、条文や用語の意味を正確に知らないと正誤の判定ができない選択肢が多くなっています。しかし、憲法の考え方をおさえて勉強すれば、条文等を暗記していなくても正答にたどりつくことができます。

過去10年間の出題は次のとおりです。

〔平成26年度〕　①経済的自由権
　　　　　　　　②司法権の独立

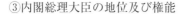

　　　　　　　　③内閣総理大臣の地位及び権能
〔平成27年度〕　①信教の自由
　　　　　　　　②社会権
　　　　　　　　③衆議院の優越
〔平成28年度〕　①思想及び良心の自由
　　　　　　　　②職業選択の自由
　　　　　　　　③衆議院の解散
〔平成29年度〕　①法の下の平等
　　　　　　　　②請願権
　　　　　　　　③租税法律主義
〔平成30年度〕　①表現の自由
　　　　　　　　②違憲審査権
　　　　　　　　③経済的自由権
〔令和元年度〕　①人身の自由
　　　　　　　　②生存権
　　　　　　　　③内閣及び内閣総理大臣
〔令和2年度〕　①職業選択の自由
　　　　　　　　②財産権
　　　　　　　　③司法権の独立
〔令和3年度〕　①社会権
　　　　　　　　②内閣の権能
　　　　　　　　③裁判官の身分保障
〔令和4年度〕　①法の下の平等
　　　　　　　　②人身の自由
　　　　　　　　③衆議院と参議院の関係
〔令和5年度〕　①表現の自由
　　　　　　　　②違憲審査権
　　　　　　　　③租税法律主義

　以上のように、過去10年間の出題傾向を見ても、大きな偏りはなく、広い範囲から出題されていることが分かります。いずれも基礎的な知識を問う問題が多く出題されていますので、問題集を繰り返し解くなど基礎的な知識

第**2**章

基礎力確認テスト

の習得に努め、確実に得点できるよう準備しておきましょう。

問題 1　憲法第13条の幸福追求権に関する次の記述のうち、判例に照らし、妥当なものはどれか。

1　行政機関が住民基本台帳ネットワークシステムにより本人確認情報を管理、利用等する行為は、憲法第13条により保障されたプライバシー権その他の人格権を侵害するものではない。

2　個人の私生活上の自由の一つとして、何人もみだりに指紋の押なつを強制されない自由を有するものではない。

3　患者が、輸血を受けることは自己の宗教上の信念に反するとして、輸血を伴う医療行為を拒否するとの明確な意思を有している場合であっても、このような意思決定をする権利は、人格権の一内容として尊重されない。

4　婚姻の際に氏の変更を強制されない自由は、憲法上の権利として保障される人格権の一内容である。

5　個人の私生活上の自由の一つとして、何人も、その承諾なしに、みだりにその容ぼう・姿態を撮影されない自由を有するものではない。

解説 1

1　**正しい。**行政機関が住基ネットにより本人確認情報を管理、利用等する行為は、個人に関する情報をみだりに第三者に開示または公表するものということはできず、当該個人がこれに同意していないとしても、憲法第13条により保障されたプライバシー権その他の人格権を侵害するものではない（最判平20.3.6）。

2　**誤り。**個人の私生活上の自由の一つとして、何人もみだりに指紋の押なつを強制されない自由を有する（最判平7.12.15）。

3　**誤り。**患者が、輸血を受けることは自己の宗教上の信念に反するとして、輸血を伴う医療行為を拒否するとの明確な意思を有している場合、このような意思決定をする権利は、人格権の一内容として尊重されなければならない（最判平12.2.29）。

4 **誤り**。婚姻の際に氏の変更を強制されない自由が、憲法上の権利として保障される人格権の一内容であるとはいえない（最大判平27.12.16）。

5 **誤り**。個人の私生活上の自由の一つとして、何人も、その承諾なしに、みだりにその容ぼう・姿態を撮影されない自由を有する（最大判昭44.12.24）。

正答　1

問題2　日本国憲法における思想・良心の自由に関する次の記述のうち、判例に照らし、妥当なものはどれか。

1 公立中学校の教師が、高校入学者選抜のための生徒の内申書に「全共闘を名乗っている」等の記載をすることは、その生徒の思想等を了知しうるものではあるが、許される。

2 税理士会に係る法令の制定改廃に関する要求を実現するために、税理士会が政党など政治資金規正法上の政治団体に対して金員の寄付をすることは目的の範囲内であるが、その金員を特別会費として強制的に徴収することはできないため、当該決議は無効である。

3 卒業式において教師に君が代の起立斉唱を求める行為は、教師の思想・良心の自由に対する直接的・間接的な制約となることはない。

4 企業が、従業員に対して所属政党についての調査を行い、その報告書の提出を求めても、その態様によっては許される場合がある。

5 謝罪広告命令は、その内容いかんにかかわらず、良心の自由を侵害せず、許される。

解説2

1 **誤り**。判例は、内申書に本件のような記載をすることは、その生徒の思想信条を了知しうるものではないし、またそれを評価の対象としたものとはみられないとする（最判昭63.7.15）。

2 **誤り**。判例は、税理士会が政党など規正法上の政治団体に金員の寄付をすることは、たとえ税理士に係る法令の制定改廃に関する政治的要求を実現するためのものであっても、法で定められた「税理士会の目的の範囲

外」の行為であり、寄付をするために会員から特別会費を徴収する旨の決議は無効であるとする（最判平8.3.19）。したがって、金員の寄付が税理士会の目的の範囲内としている点が誤り。

3　**誤り。**判例は、教師に君が代の起立斉唱を求める行為は、教師の思想・良心の自由に対する間接的な制約となる面はあるとする（最判平23.5.30）。

4　**正しい。**判例は、企業が従業員Aに対して所属政党について調査を行い、その報告書の提出を求めることも、その必要性、合理性を肯認することができないわけではなく、質問の態様は、返答を強要するものではなかったというのであるから、本件質問は、社会的に許容しうる限界を超えて従業員Aの精神的自由を侵害した違法行為であるとはいえないとする（最判昭63.2.5）。

5　**誤り。**判例は「単に事態の真相を告白し陳謝の意を表明するにとどまる程度の謝罪広告」を新聞紙に掲載すべきことを命ずる判決は、倫理的な意思、良心の自由を侵害することを要求しないとする（最大判昭31.7.4）。すなわち、内容いかんにかかわらず、良心の自由を侵害せず、許されるとはしていないので誤り。

正答　4

問題 **3**　　憲法第29条に関する次の記述のうち、妥当なもののみを全て挙げているのはどれか。ただし、争いのあるものは判例の見解による。

1　憲法第29条第3項は「私有財産は、正当な補償の下に、これを公共のために用いることができる」と規定するが、この「公共のため」とは、ダムや道路などの建設のような公共事業のためであることを意味し、収用全体の目的が広く社会公共の利益のためであっても、特定の個人が受益者となる場合は該当しない。

2　補償請求は、関係法規の具体的規定に基づいて行うが、法令上補償規定を欠く場合であっても、直接憲法第29条第3項を根拠にして、補償請求をすることができる。

3　憲法第29条第1項は「財産権は、これを侵してはならない」と規定するが、これは個人の現に有する具体的な財産上の権利の保障を意味し、個人が財産権を享有しうる法制度の保障までも意味するものではない。

4　憲法第29条第2項は「財産権の内容は、公共の福祉に適合するように、法律でこれを定める」と規定するが、この「公共の福祉」は、各人の権利の公平な保障を狙いとする自由国家的公共の福祉を意味し、各人の人間的な生存の確保を目指す社会国家的公共の福祉までも意味するものではない。

5　特定の個人に対し、財産上特別の犠牲が課せられた場合と、生命、身体に対し特別の犠牲が課せられた場合とで、後者の方を不利に扱うことが許されるとする合理的理由はないから、痘そうの予防接種によって重篤な後遺障害が発生した場合には、国家賠償請求によらずに、憲法第29条第3項を直接適用して、国に対して補償請求をすることができる。

解説 3

1　**誤り**。判例は、憲法第29条第3項の「公共のため」とは、ダムや道路などの建築のような公共事業のためのみならず、収用全体の目的が広く社会公共の利益のためであれば、特定の個人が受益者となる場合も該当するとする（最判昭29.1.22）。

2　**正しい**。判例は、法令に損失補償に関する規定がないからといって、あらゆる場合について一切の損失補償をまったく否定する趣旨とまでは解されず、その損失を具体的に主張立証して、別途、直接憲法第29条第3項を根拠にして、補償請求をする余地がまったくないわけではないとする（最大判昭43.11.27）。

3　**誤り**。判例は、憲法第29条第1項は、私有財産制度を保障しているのみでなく、社会的経済的活動の基礎をなす国民の個々の財産権につきこれを基本的人権として保障するとする（最大判昭62.4.22）。

4　**誤り**。憲法第29条第2項の「公共の福祉」は、自由国家的公共の福祉のみならず、社会国家的公共の福祉をも意味する。

5　**誤り**。下級審の判断は分かれるが、最高裁判所は、予防接種の実施者に高度の注意義務を課したうえで過失を推定し、国家賠償によって救済をはかっている（最判平3.4.19など）。

正答　2

　　人身の自由に関する次の記述のうち、判例に照らし、最も妥当なのはどれか。

1　憲法第37条第1項は、個々の刑事事件について、審理の著しい遅延の結果、迅速な裁判を受ける被告人の権利が害されたと認められる異常な事態が生じた場合であっても、これに対処する具体的規定がない限り、審理を打ち切るという非常救済手段をとることを認めない趣旨の規定である。

2　交通事故の際に事故の内容等を警察官に報告するよう命ずることは、刑事責任を問われるおそれのある事故の原因その他の事項についても報告義務のある「事故の内容」に含まれると解されるため、憲法第38条第1項にいう自己に不利益な供述の強要に該当する。

3　憲法第39条は、「同一の犯罪について、重ねて刑事上の責任を問われない」と規定しているところ、下級審における有罪判決に対し、検察官が上訴しより重い刑の判決を求めることは、被告人を二重の危険にさらすものであり、したがって、同条に違反するものである。

4　憲法第35条は、「住居、書類及び所持品について、侵入、捜索及び押収を受けることのない権利」を規定しているところ、この規定の保障対象には、「住居、書類及び所持品」に限らずこれらに準ずる私的領域に「侵入」されることのない権利が含まれる。

5　憲法第35条第1項は、刑事責任追及の手続きにおける強制について、それが司法権による事前の抑制のもとに置かれるべきことを保障した趣旨であるため、対象となる手続きが刑事責任追及を目的とするものでなければ、この規定の保障は及ばない。

解説 **4**

1　**誤り。**憲法第37条第1項の保障する迅速な裁判をうける権利は、個々の刑事事件について、審理の著しい遅延の結果、迅速な裁判をうける被告人の権利が害されたと認められる異常な事態が生じた場合には、これに対処すべき具体的規定がなくても、その審理を打ち切るという非常救済手段がとられるべきことを認めている趣旨の規定である（最大判昭47.12.20）。

2　**誤り。**交通事故の際に事故の内容等を警察官に報告するよう命ずること

は、刑事責任を問われるおそれのある事故の原因その他の事項については報告義務のある「事故の内容」に含まれないため、憲法第38条第1項にいう自己に不利益な供述の強要に該当しない（最大判昭37.5.2）。

3 **誤り**。憲法第39条は、「同一の犯罪について、重ねて刑事上の責任を問われない」と規定しているところ、下級審における有罪判決に対し、検察官が上訴しより重い刑の判決を求めることは、被告人を二重の危険にさらすものではなく、したがって、同条に違反しない（最大判昭25.9.27）。

4 **正しい**。憲法第35条の保障対象には、「住居、書類及び所持品」に限らず、これらに準ずる私的領域、たとえば、事務所や旅館・ホテルの居室などに「侵入」されることのない権利が含まれる。

5 **誤り**。憲法第35条第1項の規定は、本来、主として刑事責任追及の手続きにおける強制について、それが司法権による事前の抑制のもとにおかれるべきことを保障した趣旨であるが、当該手続きが刑事責任追及を目的とするものではないとの理由のみで、その手続きにおける一切の強制が当然に同規定による保障の枠外にあると判断することは相当ではない（最大判昭47.11.22）。

正答　4

問題5

司法権に関する次の記述のうち、妥当なのはどれか。

1 最高裁判所の長たる裁判官以外の最高裁判所の裁判官の任命権は内閣にあるが、下級裁判所の裁判官の任命権は最高裁判所にあり、下級裁判所の裁判官の任命権を通じて裁判官の人事に関する司法権の自主性が認められている。

2 裁判官の職権の独立を実効性のあるものにするため、裁判官の身分は保障されており、裁判官の罷免は、弾劾裁判所の裁判によるものに限られる。

3 全て司法権は、最高裁判所及び法律の定めるところにより設置する下級裁判所に属するとされているが、国会議員の資格争訟の裁判はおのおのの議院が行うものとされ、罷免の訴追を受けた裁判官の弾劾裁判は国会の設ける弾劾裁判所が行うものとされている。

4 裁判の公開を定める憲法第82条は、裁判の公開を制度として保障しているのみならず、裁判所に対して裁判を傍聴することを権利として要求で

きることを各人に保障したものであるとするのが判例である。

5 行政機関は、終審として裁判を行うことができる。

解説 5

1 **誤り**。前半は正しい（憲法第79条第1項後段）が、後半が誤り。下級
  裁判所の裁判官は、最高裁判所の指名した者の名簿によって内閣でこれを
  任命する（憲法第80条第1項本文前段）ので、最高裁判所に任命権はな
  い。

2 **誤り**。裁判官は、弾劾裁判のほかに執務不能の裁判によっても罷免され
  る（憲法第78条前段）。また、最高裁判所の裁判官の場合には、これら2
  つに加えて国民審査によっても罷免される（憲法第78条第3項）。

3 **正しい**。全て司法権は、最高裁判所及び法律の定めるところにより設置
  する下級裁判所に属する（憲法第76条第1項）。したがって、司法権以外
  の機関が裁判をすることは、憲法が認めた例外の場合を除いて許されない
  が、国会議員の資格争訟の裁判（憲法第55条）と裁判官の弾劾裁判（憲
  法第64条）は、憲法が認めた例外である。

4 **誤り**。憲法第82条第1項によって裁判の公開が制度として保障されて
  いることに伴い、各人は、裁判を傍聴できることとなるが、この規定は、
  各人が裁判所に対して傍聴することを権利として要求できることまでを認
  めたものではないとするのが判例である（最大判平元.3.8）。

5 **誤り**。行政機関は、終審として裁判を行うことができない（憲法第76
  条第2項）。

正答　3

問題 6 日本国憲法に規定する内閣に関する記述として、妥当なのはど
れか。

1 内閣は、自発的に総辞職することができるが、内閣総理大臣が病気また
  は生死不明の場合には、総辞職しなければならず、この場合、総辞職した
  内閣は、新たに内閣総理大臣が任命されるまで、引き続きその職務を行う。

2 内閣は、行政権の行使について、国家に対し連帯して責任を負うため、

特定の国務大臣が、個人的理由に基づき、またはその所管事項について、個別責任を負うことは、憲法上否定される。

3　内閣は、予備費の支出について、事後に国会の承諾を得なければならないが、承諾を得られない場合には、内閣の責任は解除されないため、既になされた予備費の支出の法的効果に影響を及ぼす。

4　内閣は、国会の承認を経ずに、既存の条約を執行するための細部の取り決めや条約の委任に基づいて具体的個別的問題についてなされる取り決めを締結することができる。

5　内閣は、日本国憲法及び法律の規定を実施するために、政令を制定することができるほか、国に緊急の必要があるときには、法律の根拠を持たない独立命令を制定することができる。

解説6

1　**誤り。**内閣は、自発的に総辞職することができるが、内閣総理大臣が病気または生死不明の場合には、総辞職する必要はない。内閣総理大臣が欠けたときは、内閣は総辞職しなければならない（憲法第70条）が、この内閣総理大臣が欠けたときには、内閣総理大臣が病気または生死不明の場合は含まれない。病気などの暫定的な故障の場合は、副総理などが臨時に職務を代行する（内閣法第9条）。なお、総辞職した内閣は、新たに内閣総理大臣が任命されるまで、引き続きその職務を行う（憲法第71条）。

2　**誤り。**内閣は、行政権の行使について、国会に対し連帯して責任を負う（憲法第66条第3項）が、特定の国務大臣が個人的理由に基づき、またはその所管事項について、個別責任を負うことも、憲法上否定されない。

3　**誤り。**内閣は、予備費の支出について、事後に国会の承諾を得なければならない（憲法第87条第2項）が、承諾を得られない場合でも、既になされた予備費の支出の法的効果には影響を及ぼさない。

4　**正しい。**内閣は、条約を締結することができるが、国会の承認を経ることを必要とする（憲法第73条第3号）。ここでいう条約には、既存の条約を執行するための細部の取り決めや条約の委任に基づいて具体的個別的問題についてなされる取り決めは含まれない。

5　**誤り。**内閣は、日本国憲法及び法律の規定を実施するために、政令を制

定することができる（憲法第73条第6号）が、国に緊急の必要があるときでも、法律の根拠をもたない独立命令を制定することはできない。

正答　4

問題7　国会議員の地位に関する記述として、妥当なのはどれか。

1　不逮捕特権は、法律に定める場合を除き、議員は国会の会期中に逮捕されないが、会期前に逮捕された議員が、国会の召集により当然に釈放されるものではない。

2　国会議員は、議院で行った演説や討論について、院外で責任を問われることはなく、議院において、たとえ所属政党の方針に反する発言をしたとしても、それを理由として所属政党から制裁を受け、除名されるようなことは憲法上許されない。

3　国会の会期中、国会議員を所属議院の許諾なしに逮捕することができるのは、犯罪事実が明白であり、不当な政治的逮捕が行われる危険のない院内外における現行犯に限られる。

4　議員の職務遂行の自由を保障するため、議員が院外で行った演説や討論によって、院内で懲罰を科すことはできない。

5　国会議員は、法律の定めるところにより相当額の歳費を受け取ることができるが、その職務の性質上実費弁償的な手当を受けることはできない。

解説7

1　**正しい。**「両議院の議員は、法律の定める場合を除いては、国会の会期中逮捕されず、会期前に逮捕された議員は、その議院の要求があれば会期中これを釈放しなければならない」（憲法第50条）。この規定は、議員の身体の自由を保障し、政治権力によって議員の職務遂行が妨げられないようにするとともに、議院の審議権を確保するため「不逮捕特権」を定めたものである。

2　**誤り。**国会議員は、院外で民事上・刑事上の責任は問われない（憲法第51条）。しかし、所属政党から除名等の制裁を受けることは、憲法上許される。

3 **誤り**。現行犯逮捕できるのは、「院内外における現行犯」ではなく、「院外」における現行犯である（国会法第33条）。

4 **誤り**。両議院は院内の秩序をみだした議員を懲罰することができるが（憲法第58条第2項）、たとえ議場外の行為であっても、議員の品位を傷つけ、院内の秩序をみだすことに相当因果関係のあるものは、懲罰の対象となる。なお、会議の運営と関係のない個人的行為は懲罰事由にはならない。

5 **誤り**。国会議員は、法律の定めるところにより、国庫から相当額の歳費を受ける権利を持つ（憲法第49条）。歳費とは、議員の勤務に対する報酬を意味する。憲法は歳費のみについて規定しているが、議員活動に必要な他の名目の給付を禁止しているとは解されていない。「国会議員の歳費、旅費及び手当等に関する法律」により、旅費、通信費等の実費弁償的な手当が支給されている。

正答 1

問題8 憲法に定める社会権に関する記述として、妥当なのはどれか。

1 労働基本権は、労働者の生存権の保障を目指したものであり、労働基本権は国に対して適用されるだけでなく、使用者と労働者という私人間の関係にも直接適用される。

2 社会権は、国家が個人の領域に対して権力的に介入することを排除して、個人の自由な意思決定と活動を保障する人権である。

3 最高裁判所は、朝日訴訟の判決で、生存権を規定する憲法第25条第1項によって保障される健康で文化的な最低限度の生活水準は、客観的に決定することができるため、厚生大臣の裁量の余地はないものとした。

4 教育を受ける権利は、子女に教育を受けさせる義務を国民に課すとともに、義務教育の無償化を定めたものであり、最高裁判所は、国は義務教育について、授業料を含む一切の費用を無償にしなければならないとした。

5 憲法は、環境権を保障しており、国民が公害の防止や健全な生活環境の保全などを具体的に国家に保障させることが出来ると定めている。

1 **正しい。** 労働基本権は、具体的に団結権、団体交渉権、団体行動権の3つからなり、いわゆる労働三権といわれている。この労働基本権は、使用者対労働者という関係において、労働者の権利保護を目的としており、私人間の関係にも直接適用される。

2 **誤り。** 社会権は、資本主義の高度化に伴って生じた失業・貧困・労働条件の悪化などの弊害から、社会的・経済的弱者を守るために保障されるに至った20世紀的な人権である。設問の説明は自由権に関するものである。

3 **誤り。** 最高裁判所は、朝日訴訟において、何が健康で文化的な最低限度の生活であるかの認定判断は、厚生大臣の合目的的な裁量に委ねられているとした（最大判昭42.5.24）。

4 **誤り。** 最高裁判所は、無償の範囲について、教育提供に対する対価である授業料を徴収しないことを意味すると解している（最判昭39.2.26）。なお、法律により、教科書は無償で配布されている。

5 **誤り。** 憲法では環境権の規定はない。ただ、環境権は「健康で文化的な最低限度の生活」を維持する上での必要最低条件であるから、社会的側面は憲法第25条によって根拠付けられ、またそれは幸福追求の基本条件であるから、自由権的側面は憲法第13条によって根拠付けられるとするのが通説である。なお、環境権を認めた最高裁の判例はない。

正答　1

国会の種類に関する記述として、妥当なのはどれか。

1 参議院の緊急集会において採られた措置については、次の国会開会後20日以内に衆議院の同意がない場合には、遡及してその効力を失う。

2 衆議院解散や任期満了による衆議院議員選挙の後には、選挙の日から30日以内に特別会が召集される。

3 常会は毎年1回、1月中に召集されるのが常例であり、会期は100日間と定められている。

4 臨時会の召集は内閣が決定することができるが、いずれかの議院の総議員の3分の1以上の要求があれば、内閣はその召集を決定しなければなら

ない。

5 衆議院で可決された法律案が、参議院で異なった議決をされた場合には、衆議院で出席議員の3分の2以上の多数で再び議決すると、衆議院の議決が国会の議決となる。

解説9

1 **誤り。**参議院の緊急集会において採られた措置については、臨時のものであって、次の国会開会後10日以内に衆議院の同意がない場合には、将来に向かってその効力を失う（憲法第54条第3項）。

2 **誤り。**解散による総選挙の後には特別会が招集されるが、任期満了による総選挙の後には、常会が招集された場合等を除き、臨時会が召集される（憲法第54条、国会法第2条の3）。

3 **誤り。**憲法では、毎年1回召集すると定められており（憲法第52条）、国会法において、1月中に召集するのを常例とし、会期は150日間と定められている（国会法第2条、第10条）。

4 **誤り。**いずれかの議院の総議員の4分の1以上の要求があれば、内閣は臨時会の招集を決定しなければならない（憲法第53条）。

5 **正しい。**衆議院で可決し、参議院でこれと異なった議決をした法律案は、衆議院で出席議員の3分の2以上の多数で再び可決したときは、法律となる（憲法第59条第2項）。

正答 5

問題10 外国人の人権に関する次の記述のうち、判例に照らし、妥当なのはどれか。

1 外国人の生存権の保障について、自国民を在留外国人より優先させ、在留外国人を福祉的給付の支給対象者から除くことは許されないとした。

2 わが国に在留する外国人に対して、政治活動の自由についても、わが国の政治的意思決定またはその実施に影響を及ぼす活動等外国人の地位にかんがみこれを認めることが相当でないと解されるものを除き、その保障が及ぶ。

3　外国人の選挙権について、定住外国人に地方公共団体における選挙の権利を付与しないことは合憲であり、法律で定住外国人に地方公共団体における選挙の権利を付与することはできないとした。

4　わが国に在留する外国人は、憲法上、外国へ一時旅行する自由を保障されている。

5　外国人登録法で義務付けられていた指紋押捺制度について、何人もみだりに指紋の押捺を強制されない自由を有するとして、指紋押捺制度は違憲であるとした。

解説10

1　**誤り**。判例は、限られた財源下で福祉的給付を行うにあたり、自国民を優先的に扱うことも許されるとして、障害福祉年金の支給対象者から在留外国人を除外することは、立法府の裁量の範囲に属し、憲法に反しないとしている（最判平元3.2）。

2　**正しい**。マクリーン事件である（最大判昭53.10.4）。

3　**誤り**。判例は、法律で定住外国人に地方公共団体の長、その他の議員などに対する選挙権を付与することは、憲法上禁止されているものではないとしている（最判平7.2.28）。

4　**誤り**。わが国に在留する外国人は憲法上、外国へ一時旅行する自由を保障されていない（最判平4.11.16）。

5　**誤り**。判例は、何人もみだりに指紋の押捺を強制されない自由を有し、その保障は在留外国人にも及ぶとしたうえで、外国人登録法で義務付けられていた指紋押捺制度は、在留外国人の管理という立法目的に十分な合理性と必要性があり、方法も許容限度を超えない相当なものであるため、憲法に反しないとした（最判平7.12.15）。

正答　2

第2節 行政法

　令和6年度から、主任試験は大きく変わることとなり、教養問題（択一式）が廃止され、新たに「基礎力確認テスト」が新設されます。基礎力確認テストでは、行政法は基礎的法令の基礎知識の一環として問われることとなり、出題数については、ＡⅠ類事務では従来の10問から8問、ＡⅠ類技術では6問から5問へと少なくなることが明らかになっています。しかしながら、全体の5分の1の出題を占めますので、その重要性は変わりません。

　近年では、新方式の採用区分など、採用時の試験で法律科目を選択しない人もいるため、これまで行政法に触れる機会がなかったという人もいるかもしれません。しかし、日頃の業務を進める上でも、行政法の知識や考え方は必要なスキルであると言えます。試験対策だけでなく、業務に役立つ知識を吸収する良い機会にもなると思い、前向きに取り組みましょう。

　行政法は、基礎的知識を習得すれば初学者でも十分に得点源となり得ます。問題集等を活用することにより、勉強を進めてください。

　他の科目にもいえることですが、条文や参考書、問題集等により行政法を学習する際は、直近の法令改正や最高裁判例等が反映されているか、しっかり確認するようにしましょう。

出題傾向と勉強方法

　過去の主任試験における行政法の出題実績は、表に示す通りです。

　各分野から満遍なく出題されていますが、上述したとおり、条文の内容や基礎的知識をしっかり理解していれば対応できるものが大半であると言えます。重要な事項は繰り返し出題されることが多いので、学習をすれば確実に得点源になる分野といえます。

　令和5年12月27日に、都人事委員会事務局より「出題のガイドライン（行政法の基礎知識）」が示されていますが、「過去に出題された事項をガイ

ドラインとして整理したもの」としていることから、出題の傾向はこれまでとおおむね変更がないものと思われます。

　なお、ガイドラインにおいて、「【ＡⅠ類・土木・建築・機械・電気・ICT】で、選考受験までに習得してもらいたい事項」として、行政行為、行政契約、行政指導、行政立法、行政計画、行政上の義務履行確保、行政罰、国家賠償（損害賠償）、損失補償が挙げられています。本事項については、該当の区分はもとより、事務区分の受験者も重点的に確認しておくとよいでしょう。

　行政法は、出題数が多い科目の一つですが、他の試験科目との兼ね合いもあるため、できるだけ短期間で効率的に学習を進める必要があります。

　基本書を熟読することも行政法を理解する上では重要ですが、試験対策という観点では、まずは実際に過去問を解いてみて、分からなかったところを基本書で確認するといった学習方法をお勧めします。一度問題を解いた後は必ず解説を精読し、不明確な点は条文や基本書でしっかり確認しておきましょう。

　また、問題を解く際は、全ての選択肢について、なぜ正解なのか、誤りなのかを検証することで実力がつきます。誤った選択肢をマーキングして繰り返すことで知識の定着も図ることができ、直前の再確認にも役立ちます。

参考図書

　以下に、代表的な参考図書を列挙します。これら以外にもいくつか書籍が出版されていますので、自分の好みに合うものを探してみてください。

○**問題集**
『１日10分　行政法　第１次改訂版』都政新報社
『行政法　実戦150題　第６次改訂版』都政新報社
『行政法101問　第３次改訂版』学陽書房
○**参考書**
櫻井敬子・橋本博之『行政法　第６版』弘文堂

分野	年度	21	22	23	24	25	26	27	28	29	30	R1	R2	R3	R4	R5
行政法の基本構造	行政法の法源	○	○				○			○			○			○
	法律による行政の原理														○	
行政組織	行政機関の種類	○			○			○		○		○	○			
	行政庁の権限の委任、代理、専決				○							○		○		
行政立法	行政立法				○			○		○			○			
行政手続・情報公開	行政手続法				○		○			○	○	○			○	○
	情報公開法					○			○		○					
行政行為	行政行為の効力					○			○				○			○
	行政行為の種類		○										○		○	
	行政行為の瑕疵						○			○			○		○	
	行政行為の無効		○						○							
	行政行為の取消しと撤回	○			○			○								○
	行政行為の附款					○			○			○			○	
	行政裁量									○			○			
その他の行政行為	行政計画			○			○			○		○				○
	行政契約				○			○		○		○				
	行政指導			○		○			○			○				
行政上の強制措置・制裁措置	行政上の代執行	○						○				○	○			
	即時強制	○			○								○			○
	行政調査														○	
	行政罰	○		○		○			○			○				○
行政処分等に関する補償	公権力の行使に基づく損害賠償						○		○							○
	公の営造物の設置又は管理の瑕疵に基づく損害賠償	○						○		○						
	損失補償					○			○			○			○	
行政上の不服申立て	行政不服審査法に定める不服申立て	○	○					○	○							○
	行政不服審査法に定める教示		○			○			○							
	行政事件訴訟法に定める執行停止				○				○			○				
行政事件訴訟	行政事件訴訟の種類	○			○							○	○		○	
	行政事件訴訟法に定める抗告訴訟							○		○			○		○	
	行政事件訴訟法に定める取消訴訟		○				○						○		○	

問題 1 法律による行政の原理に関する記述として、妥当なのは次のどれか。

1 法律による行政の原理には、積極的側面と消極的側面とがあるといわれ、前者は法律の留保原則であり、後者は法律の優位の原則と呼ばれている。

2 法律の優位の原則は、権力的行政活動についてのみ適用される原則である。

3 法律の留保の原則とは、新たな法規の定立は、議会の制定する法律またはその授権に基づく命令の形式においてのみされうるという原則である。

4 権力留保説とは、全ての公行政には具体的な作用法上の根拠が必要であるとするものである。

5 重要事項留保説とは、侵害行政のみならず、社会権の留保を目的として行われる生活配慮行政にも、法律の根拠が必要であるとするものである。

解説 1

1 **正しい。**

2 **誤り。**法律の優位の原則は、権力的行政活動のみならず、非権力的行政活動にも適用される。

3 **誤り。**これは法律の法規創造力の原則の説明である。法律の留保の原則とは、一定の行政活動には必ず法律の授権が必要であるとする考え方である。

4 **誤り。**これは全部留保説の説明である。権力留保説は、行政活動のうち、権力的行政を行うためには法律の根拠が必要であるとする考え方である。

5 **誤り。**これは社会留保説の説明である。重要事項留保説は、国民の基本的人権にかかわりのある重要な行政活動の基本的内容については法律の根拠が必要であるとする考え方である。

正答 1

問題2 行政庁の権限の委任、権限の代理または専決に関する記述として、妥当なのはどれか。

1 権限の委任は、法令に定められた行政庁の権限の一部を他の行政機関に委譲して行わせるものであるから、権限の委任には法令の根拠が必要である。

2 権限の委任によって、当該権限は受任機関へ委譲されるが、委任機関は当該権限を喪失せず、引き続き当該権限を行使することができる。

3 権限の代理とは、本来の行政庁の権限を他の行政機関が代理者として行使することであり、当該行為は代理者である行政機関の行為としての効力を生じる。

4 権限の代理については、行政庁の意思による授権代理は認められておらず、法定事実の発生によって生じる法定代理に限り認められている。

5 専決は、行政庁がその補助機関に事務処理についての決定を委ねることであり、外部に対する表示もその補助機関の名で行われる。

解説2

1 **正しい。**

2 **誤り。**委任機関は当該権限を失い、受任機関が自己の名と責任でその権限を行使する。

3 **誤り。**権限の代理の場合は、当該行為は「被代理者」である行政機関の行為としての効力を生じる。

4 **誤り。**授権代理も認められている。

5 **誤り。**専決の場合は、あくまでも外部に対する表示は、補助機関ではなく行政庁の名で行われる。

正答　1

問題3 行政立法に関する記述として、妥当なのはどれか。

1 行政立法は、行政機関が法条の形式で一般的な定めをするものであり、行政立法のうち、法規命令は、法律による授権がなくても規制の対象を定

めることができる。

2　法規命令は、当該法規命令と抵触する上級の命令が新たに制定されたときは、当該法規命令は、これと抵触する限度において違法となるが、当然にはその効力を失うことがない。

3　行政規則は、行政権の定立する一般的な定めで法規の性質を持たないものをいい、その例として行政事務の配分に関する規定がある。

4　政令の規定が、先につくられていた別の政令の規定に抵触する場合は、先につくられていた政令の規定が優先することから、当該政令の当該規定は無効となる。

5　通達は、上級行政機関が下級行政機関に対して発するものであり、執行命令に分類される。

解説3

1　**誤り**。法規命令には、委任命令と執行命令とがあるが、いずれも法律の委任に基づいて制定されるものである。

2　**誤り**。当該命令に抵触する上級の命令が新たに制定されたとき、これと抵触する限り当該法規命令は無効となる。

3　**正しい**。

4　**誤り**。この場合、後につくられた政令の規定が優先する。

5　**誤り**。通達は行政規則に分類される。なお、執行命令は法規命令に分類される。

正答　3

問題4　行政手続法に関する記述として、妥当なのはどれか。

1　行政庁は、申請に係る許認可等の判断に必要な審査基準を、法令の趣旨を酌んで具体的に定め、インターネット上に公表しなければならない。

2　行政庁は、申請により求められた許認可等を拒否する処分を書面により示した場合には、当該処分の拒否理由を書面により示さなければならない。

3　行政庁は、申請者の求めがあった場合には、当該申請に係る審査の状況及び処分の時期の見通しを示さなければならない。

4　行政庁は、申請に対する処分であって、申請者以外の者の利害を考慮すべきことが当該法令で許認可等の要件とされている場合には、個別の事情聴取により当該申請者以外の者の意見を聴く機会を設けなければならない。

5　正式な聴聞手続きを経て発せられた不利益処分に対してであっても、当事者は行政不服審査法による審査請求をすることができる。

解説4

1　**誤り**。行政庁は審査基準を定めなければならず、行政上特別の支障があるときを除き、審査基準を公表しなければならないが、公表方法に関する明文の規定は特段定められていない。

2　**正しい。**

3　**誤り**。行政庁は、申請者の求めに応じ、当該申請に係る審査の進行状況及び処分の時期の見通しを示すよう努めなければならない。

4　**誤り**。公聴会の開催その他の適当な方法により、当該申請者以外の者の意見を聴く機会を設けるよう努めなければならない。

5　**誤り**。正式な聴聞手続きを経て発せられた不利益処分や、聴聞手続きに関する不作為に対しては、当事者は行政不服審査法による審査請求をすることができない。

正答　2

問題5　行政機関の保有する情報の公開に関する法律に関する記述として、妥当なのはどれか。

1　情報公開制度の目的は、政府が主権者たる国民に行政運営を説明する責務を全うするためであるとともに、国民の知る権利を実現するためであると法律に明記されている。

2　開示請求の対象となる行政文書とは、行政機関の職員が職務上作成し、または取得し、決裁、供覧の手続きを経たものとされている。

3　開示請求の対象となる行政文書とは、行政機関の職員が職務上作成しまたは取得した文書、図画、電磁的記録で、官報・白書・新聞・雑誌などの出版物を含むとされている。

4　行政機関の長に対し、当該行政機関の保有する行政文書の開示を請求することができるのは、日本国民に限られている。

5　行政機関の長は、開示請求に係る行政文書に不開示情報が記録されている場合であっても、公益上特に必要があると認めるときは、開示請求者に対し、当該行政文書を開示することができる。

解説 5

1　**誤り。**情報公開制度の目的として「国民の知る権利の実現」は、情報公開法には明記されていない。

2　**誤り。**開示請求の対象となる行政文書とは、行政機関の職員が職務上作成し、または取得した文書、図画、電磁的記録であって、当該行政機関の職員が組織的に用いるものとして、当該行政機関が保有しているものであり、決裁、供覧の手続きを経たものに限られない。なお、職員の個人的なメモは対象とならない。

3　**誤り。**開示請求の対象となる行政文書から、官報・白書・新聞・雑誌などの出版物は除かれている。

4　**誤り。**日本国民に限らず、何人も、行政文書の開示を請求することができる。

5　**正しい。**

正答　5

問題 6　行政行為の分類に関する記述として、妥当なのはどれか。

1　許可は、法律行為的行政行為で、特定人のために国民が本来有していない新たな権利を設定し、法律上の力や地位を付与する行為であり、自動車の運転免許や公衆浴場の許可がこれに該当する。

2　特許は、法律行為的行政行為で、法令または行政行為によって課されている一般的禁止を、特定の場合に解除する行為であり、旅客自動車運送事業の許可や鉱業権設定の許可がこれに該当する。

3　認可は、準法律行為的行政行為で、第三者の契約などの法律行為を補充して、法律上の効果を完成させる行為であり、認可を必要とする行為を認

可を受けずに行った場合、その行為は無効となる。

4　確認は、準法律行為的行政行為で、特定の事実や法律関係の存否・真否を公の権威をもって確認し、設定する行為であり、納税の督促や特許出願の公告がこれに該当する。

5　公証は、準法律行為的行政行為で、特定の事実や法律関係の存在を公に証明する行為であり、戸籍への記載や選挙人名簿への登録、犬の鑑札の交付がこれに該当する。

▶解説6

1　**誤り**。許可は、法令や行政行為によって課されている一般的禁止を特定の場合に解除する行為であり、特定人のために国民が本来有していない新たな権利を設定する行為は特許である。

2　**誤り**。特許は、特定人のために国民が本来有していない新たな権利を設定する行為であり、法令や行政行為によって課されている一般的禁止を特定の場合に解除する行為は許可である。

3　**誤り**。認可は法律行為的行政行為である。それ以外の説明は正しい。

4　**誤り**。納税の督促や特許出願公告は通知である。それ以外の説明は正しい。

5　**正しい。**

正答　5

▶問題7　行政行為の瑕疵（かし）に関する記述として、妥当なのはどれか。

1　行政行為には公定力があり、瑕疵があっても行政行為の効力は有効とされ、当該瑕疵が重大かつ明白である場合であっても、取消権限のある機関によって適法に取り消されない限り、当該行政行為は有効である。

2　行政行為の不可争力とは、一定期間が経過するまでは、私人の側から行政行為の効力を争うことができないことをいう。

3　無資格者が正規の手続きで公務員に選任され、外見上公務員として行った行政行為は、当然無効のものとされる。

4　瑕疵ある行政行為が、その後の事情の変化によって欠けていた要件が実質的に充足され、処分をあえて取り消すには値しないと考えられる場合に

も、当該行政行為を適法扱いする余地はない。

5 最高裁判所は、更正処分における付記理由の不備に対する瑕疵は、後日、審査裁決において処分の具体的根拠が明らかにされたとしても、当該瑕疵は治癒されないとした。

解説7

1 **誤り**。瑕疵が重大かつ明白なものは無効の行政行為であり、取り消さなくても効力を生じない。

2 **誤り**。行政行為の不可争力とは、一定期間が経過してしまった後は、私人の側から行政行為の効力を争うことができないことをいう。

3 **誤り**。無資格者であっても正規の手続きで公務員に選任されている以上、有効とされる余地はある。

4 **誤り**。行政行為に瑕疵があっても、その瑕疵が軽微だったり、その後の事情が変化した場合に、瑕疵は治癒したとして、その行政行為を適法扱いすることがある。

5 **正しい**。

正答 5

問題8 無効の行政行為に関する記述として、妥当なのはどれか。

1 行政処分の要件の存在を肯定する処分庁の認定に重大かつ明白な瑕疵があり、当該瑕疵が行政処分の成立当初から誤認であることが外形上、客観的に明白な場合には、当該行政処分は無効である。

2 理由の付記が法律上要求されている場合において、理由の付記を欠きまたは理由の付記が不十分な行政行為は、法律上の要件を満たさないことから、無効なものとなる。

3 行政庁が錯誤や詐欺に基づいて行政処分を行ったときは、当該行政処分の内容が客観的に法律に適合している場合であっても、当該行政処分は無効である。

4 附款が無効である場合、附款が付された行政行為全体が無効となり、附款に取り消しうべき瑕疵がある場合、附款が付された行政行為全体が取り

消しうべきものとなる。

5　公務員でない者が公務員のすべき行為をした場合、相手方が公務員のした行為と信頼するだけの相当な理由があるときであっても、当該行政処分は無効である。

解説8

1　**正しい。**

2　**誤り。**理由の付記を欠きまたは理由の付記が不十分な行政行為は、当然無効となるわけではなく、取り消しうるにとどまる。

3　**誤り。**錯誤に基づく行政処分でも、内容に瑕疵がなければ原則として有効である。また、詐欺に基づく行政処分は、無効ではなく取り消しうるにとどまる。

4　**誤り。**附款が無効または取り消しうべきものである場合、附款が当該行政行為の重要な要素である場合に限って行政行為全体が無効または取り消しうべきものとなる。附款が行政行為の重要な要素でない場合は当該附款のみが無効または取り消しとなり、当該行政行為は附款が付かない行政行為として成立する。

5　**誤り。**相手方が公務員のした行為と信頼するだけの相当な理由がある場合には、当該行政処分は無効とならないことがある。いわゆる「事実上の公務員の理論」。

正答　1

問題9　行政行為の取消し及び撤回に関する記述として、妥当なのはどれか。

1　行政行為の取消しと撤回は、ともに行政行為の効力を失わせる行為であるが、取消しは法律の要件に反して違法に成立した行政行為について行われ、撤回は裁量権の行使を誤って不当に成立した行政行為について行われる。

2　行政行為の取消しは、法律の要件に反して違法に成立した行政行為について行われ、行政行為の撤回は、裁量権の行使を誤って違法に成立した行政行為について行われるが、いずれも行政行為の効力を失わせるものである。

3 授益的処分の取消しは、相手方の信頼を侵害し不利益を及ぼすこととなるため、授益的処分の取消しの効果は、過去に遡及することなく、常に将来に向かってのみ生じる。

4 行政行為の職権による取消しは、適法性の回復または合目的性の回復のためであり、法律の特別の根拠は必要でないとされる。

5 行政行為の撤回は、私人に対し義務その他の不利益を課す行政行為であった場合でも、撤回を認める明文の法律の規定がなければ行うことができない。

解説9

1 **誤り**。法律の要件に反して違法に成立した行政行為も、裁量権の行使を誤って不当に成立した行政行為も、いずれも取消し原因となる。撤回については、行政行為の成立時点では瑕疵はないものである。

2 **誤り**。行政行為の撤回は、成立時に瑕疵がない適法な行政行為の効力を失わせるものである。

3 **誤り**。行政行為の取消しの効果は、授益的処分であっても当該行政行為が行われた時点にさかのぼる。

4 **正しい**。

5 **誤り**。不利益を課す行政行為については、法律の根拠がなくても自由に取消し・撤回することができる。

正答 4

問題10
行政裁量に関する次の記述の空欄に当てはまる語句の組み合わせとして、妥当なのはどれか。

行政行為のうち、法律の規定が明確で法の機械的執行として行われる行政行為を（A）といい、法律の規定が不明瞭なため行政庁が判断を加えて行う行政行為を裁量行為という。（A）は司法審査に服するとされ、裁量行為は、従来の学説は、司法審査になじむ（B）と、なじまない（C）に二分してきた。しかし、行政庁の（C）に委ねられた事項でも、行政行為が法目的の実現を目指す以上、行政庁の恣意的判断が許されるわけではない。外見上

は裁量権の範囲内と認められても、実際には、不当な動機や目的で裁量判断
をした場合には、裁量権の（D）となり違法とされる。

1　A＝羈束行為、B＝自由裁量、C＝法規裁量、D＝濫用
2　A＝羈束行為、B＝法規裁量、C＝自由裁量、D＝濫用
3　A＝羈束行為、B＝法規裁量、C＝自由裁量、D＝逸脱
4　A＝事実行為、B＝自由裁量、C＝法規裁量、D＝逸脱
5　A＝事実行為、B＝法規裁量、C＝自由裁量、D＝逸脱

解説10

　行政行為のうち、法律の規定が明確で法の機械的執行として行われる行政
行為を「羈束行為」Aといい、法律の規定が不明瞭なため行政庁が判断を加
えて行う行政行為を裁量行為という。「羈束行為」Aは司法審査に服すると
され、裁量行為は、従来の学説は、司法審査になじむ「法規裁量」Bと、な
じまない「自由裁量」Cに二分してきた。しかし、行政庁の「自由裁量」C
に委ねられた事項でも、行政行為が法目的の実現を目指す以上、行政庁の恣
意的判断が許されるわけではない。外見上は裁量権の範囲内と認められて
も、実際には、不当な動機や目的で裁量判断をした場合には、裁量権の「濫
用」Dとなり違法とされる。

正答　2

問題11　行政契約に関する記述として、妥当なのはどれか。

1　行政契約は、行政主体が行政目的達成の手段として締結する契約であ
　り、締結には、原則として法律の根拠が必要である。
2　行政契約では、契約当事者の双方が行政主体である場合を公法上の契約
　といい、当事者の一方が私人である場合を私法上の契約という。
3　給付行政の分野におけるサービスの提供においては、サービス利用者ご
　とに異なる契約がなされることがあるため、平等原則は適用されない。
4　給付行政分野におけるサービスの提供は、公平かつ確実に行われる必要
　があり、行政契約の締結の義務を行政主体に課すこともできるとされてい

51

る。

5 規制行政の分野においては、行政行為という形式が採用され、行政契約という形式は採用できないとされている。

解説11

1 **誤り**。行政契約の締結には、原則として法律の根拠は必要ではない。

2 **誤り**。公法上の契約とは、公法上の効果の発生を目的としてなされるところの、複数の対等当事者間の反対方向の意思の合致によって成立する公法行為であり、当事者の一方が私人である行政契約の中にも、公法上の契約に位置付けられるものがある。

3 **誤り**。公平かつ確実に行われる必要があるので、平等原則が適用される。

4 **正しい**（水道供給契約・補助金交付など）。

5 **誤り**。公害防止協定や開発協定など、規制行政の手段に関わる行政契約もある。

正答　4

問題12　行政指導に関する記述として、妥当なのはどれか。

1 規制的行政指導とは、相手方の活動を規制する目的で作為・不作為を求めるもので、相手方にとって不利益に作用することから、規制的行政指導を行うためには法律の根拠を必要とする。

2 助成的行政指導とは、私人間の紛争に行政が介入することで、その解決を助成するために行われる行政指導をいう。

3 行政手続法では、行政指導に携わる者は、その相手方に対し、行政指導を口頭で行うことはできないと定めている。

4 行政指導は、行政処分ではなく単なる事実行為にすぎないことから、処分性が認められることはない。

5 申請に関連する行政指導については、行政指導に携わる者は、申請者が行政指導に従う意思がない旨を表明したにもかかわらず、行政指導を継続するようなことがあってはならない。

> **解説12**

1　**誤り。**行政指導は、法的拘束力を有しない事実行為であり、行政行為ではないので、法律の根拠がなくても行うことができる。
2　**誤り。**これは調整的行政指導の説明である。助成的行政指導は、相手方の活動を助成する目的で金銭や情報を提供するために行われる行政指導のことである。
3　**誤り。**行政指導は口頭で行うこともできるが、その相手方から当該行政指導の内容に関する書面の交付を求められたときは、行政上特別な支障がない限り、これを交付しなければならない。
4　**誤り。**病院開設許可申請の際に県知事が行った行政指導について、処分性を認めた最高裁判例がある。
5　**正しい。**

正答　**5**

> **問題13**　行政代執行に関する記述として、妥当なのはどれか。

1　行政代執行は、義務不履行者のなすべき行為を行政庁が自ら行うことを要し、行政庁以外の第三者にその行為を行わせることはできない。
2　行政代執行は、義務の不履行に対して間接強制である執行罰を科した後において、なお義務の履行がなされない場合にはじめて認められる手段である。
3　行政代執行の対象とされる義務は、法律によりまたは法律に基づき行政庁により命ぜられた義務のうち他人が代わってなしうる作為義務に限られる。
4　行政代執行は、他の手段によっては義務の履行が不可能な場合に認められる。
5　行政代執行に要した費用は、全て義務不履行者から徴収することができるが、その徴収については、民事上の手続きで行われなければならない。

> **解説13**

1　**誤り。**代執行は、行政庁自らが義務不履行者の行為を行う場合と、第三

者にその行為を行わせる場合とがある（行政代執行法第2条）。

2 **誤り**。執行罰は、非代替的作為義務及び不作為義務の履行がない場合に、その義務者に心理的圧迫を加え、義務の履行を将来に対して間接的に強制するために科する金銭罰をいう。代執行は、代替的作為義務の不履行を前提とする強制手続きである。

3 **正しい**。代執行の対象とされる義務は代替的作為義務に限られる（行政代執行法第2条）。

4 **誤り**。代執行は、他の手段によってその履行を確保することが困難な場合に認められる（行政代執行法第2条）。

5 **誤り**。代執行に要した費用は、国税滞納処分の例により強制徴収することができる。また、その費用について行政庁は、国税及び地方税に次ぐ順位の先取特権を有する（行政代執行法第6条）。

正答　3

問題14 行政罰に関する記述として、妥当なのはどれか。

1 　行政罰は、行政上の秩序に違反し間接に行政目的の達成に障害を招く危険を生じた場合に科せられる制裁であるのに対し、執行罰は、直接に行政目的を侵害し社会法益に実質的侵害を加えた場合に科せられる罰である。

2 　行政罰は、行政法上の義務違反という過去の非行に科せられる制裁であるのに対し、執行罰は、行政法上の義務の不履行のあった場合に将来にわたって義務の履行を強制するための強制執行手段の一種である。

3 　行政罰は、行政法上の不作為義務または非代替的作為義務の履行のない場合に科せられる制裁であるのに対し、執行罰は、代替的作為義務の履行のない場合にその義務の履行を強制するために科せられる罰である。

4 　行政上の秩序罰と行政刑罰は、目的、要件及び実現の手続きを異にし、必ずしも二者択一の関係にあるものではないが、二重処罰の禁止から併科することは認められないと最高裁判所は判示した。

5 　行政罰は、行政目的を実現するために人の身体または財産に実力を加え、それによって行政上必要な状態を実現する作用であるのに対し、執行罰は、行政法規によって維持される社会法益を侵害した場合に科せられる罰である。

解説14

1 **誤り**。間接的に行政目的の達成に障害を招く危険を生じる軽微な違反行為の場合に科せられる制裁は、秩序罰たる過料である。後半部分は行政罰の説明である。

2 **正しい**。行政罰は過去の義務違反に対して科せられ、執行罰は将来に向かっての義務の実現を図る強制執行のひとつである。

3 **誤り**。行政法上の不作為義務または非代替的作為義務の履行のない場合に科せられる制裁は、執行罰である。また、代替的作為義務の履行のない場合に、その義務の履行を強制するために科せられる罰は行政罰である。

4 **誤り**。行政上の秩序罰と行政刑罰は、必ずしも二者択一の関係にあるものではないことを理由に、併科しても憲法39条に反しない（最判昭39.6.5）。

5 **誤り**。行政目的を実現するために人の身体または財産に実力を加え、それによって行政上必要な状態を実現するのは、行政上の強制執行の一種である直接強制である。また、後半部分は行政罰の説明である。

正答　2

問題15

行政上の即時強制に関する記述として、妥当なのはどれか。

1 行政上の即時強制は、国民に課せられた行政上の義務が自発的に履行されない場合に、その義務の履行の確保のために行政権によってとられる直接的な強制手段である。

2 行政上の即時強制においては、即時強制の手続きが刑事責任追及を目的とするものではないとの理由のみで、その手続きにおける一切の強制が当然に憲法に規定する令状主義の補償の枠外にあるということができない。

3 行政上の即時強制は、あらかじめ義務を課すことなくなされる措置であるが、法律上の根拠を要さない。

4 行政上の即時強制を行う場合、行政庁は、あらかじめ戒告を行わなければならないが、非常または危険切迫などの緊急を要するときには、例外的にこの手続きを省略することができる。

5 行政上の即時強制に不服のある者は、通常の民事訴訟の手続きによっ

て、行政機関による事実行為の違法を主張し、その差止めや原状回復を求めることができる。

解説15

1 **誤り**。即時強制は、行政上の義務の不履行を前提とすることなく、ただちに国民の身体や財産に強制を加え、行政上必要な状態を作り出す作用である。

2 **正しい**。判例（最判昭47.11.22）では、行政上の即時強制や行政調査であっても、家宅への立ち入り等には憲法第35条の令状主義の適用は排除されるべきではないとしている。

3 **誤り**。行政上の即時強制は、相手方の身体または財産に対する重大な制限を加えるものであり、法律または条例の根拠がある場合にのみ認められる。

4 **誤り**。戒告を行わなければならないのは、代執行を行う場合である。戒告は、履行期限を明示してあらかじめ文書で行われる。

5 **誤り**。即時強制は、公権力の行使にあたる行為であり、通常の民事訴訟の手続きにより、その拘束の解除を求めることはできないと解されている。

正答　2

問題16

国家賠償法に定める公権力の行使に基づく損害賠償責任に関する記述として、妥当なのはどれか。

1 公権力の行使に当たる公務員とは、公務員の身分を有する国家公務員や地方公務員に限られ、行政権能の委任を受けた民間人は該当しないとされる。

2 損害賠償責任は、公権力の積極的な行使による侵害があった場合に認められ、不作為により侵害を生じさせた場合は成立の余地がないとされる。

3 行政処分が違法であることを理由として国家賠償の請求をするためには、まず係争処分が取り消されることを要するため、あらかじめ当該行政処分につき取消処分または無効確認の判決を得なければならない。

4 最高裁判所は、国または公共団体が賠償責任を負う場合に、職務の執行に当たった公務員個人は、被害者に対して直接責任を負わないと判示した。

5 国会議員の立法行為は、本質的に政治的なものであって、その性質上法

的規制の対象になじまず、国家賠償法にいう違法な行為に当たることはない。

解説16

1 **誤り**。権力的な行政権限を委託された民間人や、独立行政法人の職員も公務員にあたる。
2 **誤り**。公務員による不作為や、立法権・司法権の行為も、損害賠償責任の対象となる。
3 **誤り**。行政処分が違法であることを理由に国家賠償の請求をする場合、あらかじめ当該行政処分につき取消処分または無効確認の判決を得ておく必要はない。
4 **正しい**（最判昭30.4.19）。
5 **誤り**。国会議員の立法行為といえども、立法の内容が憲法の一義的な文言に違反しているにもかかわらず国会があえて当該立法を行うといった例外的な場合には、違法の評価を受ける。

正答　4

問題17
国家賠償法に定める公の営造物の設置または管理の瑕疵に基づく損害賠償に関する記述として、妥当なのはどれか。

1 公の営造物には、道路や学校などの公の目的のために供される不動産や河川や海面などの自然公物は含まれるが、自動車や飛行機などの動産は含まれないとされる。
2 営造物の設置または管理の瑕疵とは、営造物が通常有すべき安全性を欠いていることをいい、これに基づく国及び公共団体の賠償責任については、過失の存在は必要ないとされる。
3 国または公共団体の損害賠償責任について、民法と民法以外の特別法の双方に定めがある場合は、特別法ではなく民法の適用が優先される。
4 国家賠償法第2条は、公の営造物の利用者が営造物の不完全性によって受けた損害の救済に適用されるものであり、営造物の存在に起因してその周辺住民に生じた損害の救済には適用されない。
5 公の営造物の設置または管理の瑕疵によって損害を受けた者は、営造物

の設置または管理の責任を持つ団体と、その費用を負担する団体が異なる場合は、費用を負担する団体に対してのみ損害賠償を請求することができるとされる。

解説17

1 **誤り。**公の営造物には、不動産（道路・河川など）だけでなく動産（自動車・船など）も含まれる。

2 **正しい。**

3 **誤り。**国または公共団体の損害賠償責任については、国家賠償法によるもののほか民法の規定によるが、民法と民法以外の特別法の双方に定めがある場合は、特別法の適用が優先される。

4 **誤り。**空港に発着する航空機の騒音によって周辺住民に生じた損害は、空港施設の欠陥によるものであるとして、国家賠償法第2条に基づき国の損害賠償責任を認めた最高裁判所の判例（最大判昭56.12.16）がある。

5 **誤り。**設置・管理にあたる団体と、その費用を負担する団体が異なる場合、双方に賠償請求できる。

正答　2

問題18
損失補償に関する記述として、妥当なのはどれか。

1 損失補償を請求するためには、法律に損失補償の規定が定められていることが必要であり、憲法の規定に基づいて直接に請求することはできない。

2 行政庁が損失補償なしに私人の財産の収用または制限を実施した場合は、当該収用または制限は直ちに無効になると最高裁判所は判示している。

3 損失補償は、損失を完全に補填するため金銭の支払いによらなければならず、代替地の提供や工事の代行で行うことはできない。

4 損失補償は、適法な公権力の行使につき損失を受けた者だけでなく、違法な公権力の行使につき損失を受けた者も請求することができる。

5 損失補償の補償時期について、財産の収用と同時に履行されなければならないということまで、憲法は保障しているわけではない。

解説18

1　**誤り**。憲法第29条第3項を直接の根拠として補償請求することが認められる（最判昭43.11.27）。
2　**誤り**。最高裁は、ため池の堤とうを使用する財産上の権利の制限は、やむを得ないものであり、条例で補償なしに財産権を制限しても憲法及び法律に違反しないとした（最判昭38.6.26）。
3　**誤り**。金銭補償を原則とするが、例外として現物補償も認められる。
4　**誤り**。違法な公権力の行使により損害を受けた場合には、国家賠償法に基づき国家賠償を求めることになる。
5　**正しい**。補償が財産の供与と同時に履行されるべきことについては、憲法の保障するところではない（最大判昭24.7.13）。

正答　5

問題19

行政不服審査法に定める不服申立てに関する記述として、妥当なのはどれか。

1　行政庁の処分または不作為に不服がある者は、適用除外の場合に該当しない限り、異議申立て、審査請求、再審査請求のいずれかをすることができる。
2　行政庁の処分について、行政不服審査法以外の法律に再審査請求が可能な旨の定めがなくても、当該処分についての審査請求の裁決に不服がある者は、再審査請求をすることができる。
3　行政庁の処分に不服がある者は、審査請求をすることができるが、審査請求は、処分庁に上級行政庁があるかないかにかかわらず、当該処分を行った行政庁に対して行うものとされている。
4　審査請求があったときは、処分の執行または手続きは中断されるが、処分庁の上級行政庁が審査庁である場合には、審査庁の判断により、処分の執行または手続きの続行をすることができる。
5　審査庁が処分庁の上級行政庁であっても、原処分の内容を審査請求人の不利益になるように変更することはできない。

1 **誤り。**行政不服申立てとしては、審査請求、再調査の請求、再審査請求の3種類が認められている。

2 **誤り。**再審査請求は、審査請求に対する裁決に不服がある場合に認められており、原則として法律に再審査請求ができる旨の定めがある場合に限り行うことができる。

3 **誤り。**処分庁に上級行政庁がないときは、当該処分庁に対して審査請求を行うものとされているが、処分庁に上級行政庁があるときは、当該処分庁の最上級行政庁に対して審査請求を行うものである。

4 **誤り。**審査請求が出された場合であっても、処分の執行や手続きの続行は中断されない。

5 **正しい。**

正答　5

問題20　行政不服審査法に定める教示制度に関する記述として、妥当なのはどれか。

1 審査請求ができない行政庁の行為について、審査請求をすることができる旨の教示を処分庁が誤って行った場合は、当該教示を受けた者は、教示の内容に従って審査請求をすることができる。

2 行政庁は、不服申立てをすることができる処分を口頭で行う場合であっても、不服申立ての方法を書面で教示しなければならない。

3 行政庁が誤って法定期間より長い期間を不服申立期間として教示した場合であっても、法定期間を徒過していたときは、処分に対する不服申立てはできない。

4 行政庁が教示をしなかった場合、当該処分について不服がある者は、当該処分庁に不服申立書を提出することができる。

5 処分庁が誤って、審査請求をすべき行政庁でない行政庁を、審査請求をすべき行政庁として教示し、教示された行政庁に審査請求がされた場合、当該行政庁は自ら審査請求に対する裁決を行わなければならない。

解説20

1　**誤り。**この場合、当該教示を受けた者は、教示の内容に従って審査請求をすることはできない。
2　**誤り。**不服申立てをすることができる処分を口頭でする場合は、書面で教示しなくてもよい。
3　**誤り。**行政庁が誤って法定期間より長い期間を不服申立期間として教示した場合には、法定期間を徒過していても、処分に対する不服申立てができる場合がある。
4　**正しい。**
5　**誤り。**当該行政庁は速やかに審査請求書を、本来審査請求をすべき行政庁に送付しなければならない。

正答　4

問題21　行政事件訴訟に関する記述として、妥当なのはどれか。

1　行政事件訴訟は、客観訴訟と主観訴訟に大別され、抗告訴訟及び当事者訴訟は客観訴訟に、民衆訴訟及び機関訴訟は主観訴訟に、それぞれ分類される。
2　抗告訴訟は、行政庁の公権力の行使に関する不服の訴訟であり、行政事件訴訟法には、処分の取消の訴えなど6種類の抗告訴訟が規定されている。
3　当事者訴訟は、行政庁の公権力の行使に対する不服の訴訟であり、その例として無効等確認の訴えや不作為の違法確認の訴えがある。
4　民衆訴訟は、国または公共団体の機関相互間における権限の存否等に関する紛争について、自己の法律上の利益にかかわらない資格で提起する訴訟である。
5　機関訴訟は、国または公共団体の機関の法規に適合しない行為の是正を求める訴訟で、自己の法律上の利益にかかわらない資格で提起する訴訟である。

1 **誤り**。抗告訴訟・当事者訴訟は主観訴訟に、民衆訴訟・機関訴訟は客観訴訟に、それぞれ分類される。

2 **正しい**。処分の取消の訴え、裁決の取消の訴え、無効等確認の訴え、不作為の違法確認の訴え、義務付けの訴え、差止めの訴えの6種類の抗告訴訟が規定されている。

3 **誤り**。行政庁の公権力の行使に対する不服の訴訟であり、その例として無効等確認の訴えや不作為の違法確認の訴えがあるのは、抗告訴訟である。

4 **誤り**。国または公共団体の機関相互間における権限の存否等に関する紛争について、自己の法律上の利益にかかわらない資格で提起する訴訟は、機関訴訟である。

5 **誤り**。国または公共団体の機関の法規に適合しない行為の是正を求める訴訟で、自己の法律上の利益にかかわらない資格で提起する訴訟は、民衆訴訟である。

正答　2

■ 問題22　行政事件訴訟法に定める抗告訴訟に関する記述として、妥当なのはどれか。

1 行政事件訴訟法には、処分の取消の訴えなど6種類の抗告訴訟が規定されており、これ以外の抗告訴訟は認められていない。

2 処分の取消の訴えは、処分の日から1年を経過したときは、いかなる理由があっても提起することができない。

3 無効等確認の訴えは、処分・裁決の存否や、その効力の有無の確認を求める訴訟であり、処分または裁決があったことを知った日から1年以内に提起しなければならない。

4 差し止めの訴えは、一定の処分または裁決がされることにより重大な損害を生ずるおそれがある場合には、その損害を避けるため他に適当な方法があるときでも提起することができる。

5 義務付けの訴えは、一定の処分または裁決をすべきであるにもかかわらず、これがなされない場合に、その処分・裁決をすべき旨を命じることを

求める訴訟のことをいい、申請型と非申請型の2つに分類されている。

> **解説22**

1 **誤り。**行政事件訴訟法に定められていない無名抗告訴訟（法定外抗告訴訟）が一般に認められている。

2 **誤り。**正当な理由があるときは、処分の日から1年を経過していても、提起することができる。

3 **誤り。**無効等確認の訴えには、訴訟提起期間の制限はなく、いつでも提起することができる。

4 **誤り。**損害を避けるため他に適当な方法があるときは、差し止めの訴えを提起することはできない。

5 **正しい。**

正答　5

> **問題23**　　行政事件訴訟法に定める取消訴訟に関する記述として、妥当なのはどれか。

1 取消訴訟の被告は、処分または裁決を行った行政庁であり、当該行政庁の所属する国または公共団体を被告とすることはできない。

2 取消訴訟は、正当な理由があれば、処分または裁決の日から1年を経過した場合でも、提起することができる。

3 取消訴訟の訴えが訴訟要件を欠き不適法である場合であっても、裁判所は本案の審理を拒否することはできず、本案の審理を行った上で棄却判決を下さなければならない。

4 取消訴訟においては、弁論主義を基本としていることから、裁判所が職権で証拠調べをすることは認められていない。

5 取消訴訟が提起された場合、行政庁は、対象となる処分の執行または手続きの続行を、判決が確定するまでの間、停止することが原則である。

解説23

1 **誤り**。原則として、処分または裁決を行った行政庁の所属する国または公共団体を被告として提起する。

2 **正しい**。

3 **誤り**。このような場合、裁判所は、本案の審理を行わずに却下判決を下すことができる。

4 **誤り**。裁判所は、必要があると認めるときは、職権で証拠調べをすることができる。

5 **誤り**。処分の取り消しの訴えの提起は、処分の効力、処分の執行または手続きの続行を妨げない。

正答　2

第3節 地方自治制度

　地方自治制度は、国と地方公共団体との間の基本的な関係を確立するとともに、議会や執行機関などの様々な組織と、その運営方法に関する基本的なルールを幅広く定めるものです。この科目をマスターすることは確認テストの合格だけでなく、日々の業務にも役立つはずです。学習を進める上で多くの法律用語が出てくるので、苦手意識を持つ人もいると思いますが、ぜひこの機会に習得してください。

　また、この科目の出題数は、ＡＩ類事務で8問、ＡＩ類技術では6問です。行政法、地方公務員制度と並んで非常に多く、重要な得点源になります。

出題傾向と勉強方法

　過去の主任試験における地方自治制度の出題実績は、表に示す通りです。どのような分野の問題が多く出題されているか、大まかに把握してから学習を開始するとよいでしょう。傾向としては例年、「財務」や「議会」「長」の出題比率が高くなっています。

　なお、一つの問題の中で複数の分野にまたがる知識を横断的に問うものが出題されることがありますので、まずは分野ごとの正確な理解に注力しつつ、地方自治制度を全体的に俯瞰できるように学習を進めておきましょう。

　地方自治制度における問題のほとんどは、地方自治法に関する出題となっています。例年の問題を見ると、地方自治法に定められている条文がそのまま正答の選択肢になっていたり、条文の一部を書き換えて誤答の選択肢としていたりするものが多く登場していますので、基本的かつ重要な条文についてはしっかり理解してください。

　もっとも、地方自治法は条文数も多く、これを完全に網羅することは不可能と言わざるを得ません。確認テストの合格を目指すという観点から考えると、地方自治法の各条に対して解説するような詳細な文献を最初から読み進

めて学習するよりも、頻出分野に的を絞った昇任試験用の問題集を解きながら、都度、参考書や関連する条文などを参照する方が、学習効率の点で優れています。

　ただし、問題集を1回解くだけでは、他の科目と同じで本試験に耐えうるだけの知識はほとんど身に付きません。地方自治制度に限らず、法律系の問題は「知っているか知らないか」のどちらかでしかないものが多いため、根気強く反復練習を繰り返すことが合格への近道です。

参考図書

　以下に、代表的な参考図書を列挙します（2024年4月時点での最新版）。これら以外にもいくつか書籍が出版されていますので、自分の好みに合うものを探してみてください。ただし、法改正がきちんと反映されたものを使用しないと危険ですので、最新の法改正に準拠していることを必ず確認してください。

○問題集
『1日10分　地方自治法　第5次改訂版』都政新報社
『地方自治法　実戦150題　第6次改訂版』都政新報社
『地方自治法101問　第8次改訂版』学陽書房
○参考書
『試験・実務に役立つ！　地方自治法の要点　第12次改訂版』学陽書房
『完全整理　図表でわかる地方自治法　第6次改訂版』学陽書房
○六法
『地方自治ポケット六法　令和6年版』学陽書房
『都政六法　令和6年版』学陽書房

地方自治制度の出題実績 （過去10年間）

出題分野	H26	H27	H28	H29	H30	R1	R2	R3	R4	R5
総則的事項	※			※	○※				※	
区域・廃置分合等		○				○		○		
住 民										○
条例・規則		○	○	○	※	○		○	○※	
選 挙							○			○
直接請求	○	○		○			○			○
議 会	○○	○	○	○○	○※	○	○	○○	○	○
長の地位・権限	○	○	○	○	○※	○	○○		○○	○○
補助機関	○		○				○			
行政委員会		○			○			○		
附属機関		○		○		○				○
財 務 （財産・住民監査請求等を含む）	○○	○○○	○○○	○○	○	○	○	○○	○○○	○
公の施設	○		○		○			○		
外部監査	○						○			
国と地方公共団体の関係 条例による事務処理の特例	※			※			○		※	
事務の共同処理			※			○		○		
大都市に 関する特例			○			○				○
特別地方公共団体			※		○		○	○	○	

※印…同一の設問中に複数の項目が含まれる問題
（H26：自治事務・法定受託事務、H28：協力方式、H29：自治事務・法定受託事務、H30：条例案の提案・議決要件・施行期日・長の再議権、R4：自治事務・法定受託事務）

第2章 基礎力確認テスト

地方自治法に定める地方公共団体についての記述として、妥当なのはどれか。

1 普通地方公共団体は、地域における事務及びその他の事務で法律または条例により処理することとされるものを処理する。

2 都道府県及び市町村は、その事務を処理するに当たっては、相互に競合しつつ行わなければならない。

3 地方公共団体は、その事務を処理するに当たっては、住民の福祉の維持に努めるとともに、最少の経費で最大の効果を上げるようにしなければならない。

4 地方公共団体は、常にその組織及び運営の合理化に努めるとともに、他の地方公共団体に協力を求めてその規模の適正化を図らなければならない。

5 地方公共団体は、法律に違反してその事務を処理してはならない。なお、市町村及び特別区は、当該都道府県の条例に違反してその事務を処理してはならない。これに違反して行った地方公共団体の行為は、無効とする。

解説 1

1 **誤り**。普通地方公共団体は、地域における事務及びその他の事務で法律またはこれに基づく政令により処理することとされるものを処理する。

2 **誤り**。都道府県及び市町村は、その事務を処理するに当たっては、相互に競合しないようにしなければならない。

3 **誤り**。地方公共団体は、その事務を処理するに当たっては、住民の福祉の維持ではなく、増進に努めなければならない。

4 **正しい**。

5 前半が**誤り**。地方公共団体は、法律だけでなく、法令に違反してその事務を処理してはならない。

正答 4

> 問題 **2**　　　地方自治法に定める普通地方公共団体の区域に関する記述として、妥当なのはどれか。

1　境界の変更や区域の編入がある場合において財産処分を必要とするときは、いかなる場合も関係地方公共団体が協議してこれを定めなければならない。

2　二以上の都道府県の廃止及びそれらの区域の全部による一の都道府県の設置または都道府県の廃止及びその区域の全部の他の一の都道府県の区域への編入は、原則として、あらかじめ総務大臣の審査・承認を受ける必要がある。

3　市町村の廃置分合をしようとするときは、都道府県知事は、あらかじめ総務大臣に協議し、その同意を得たのち、関係のある普通地方公共団体の議会の議決を経なければならない。

4　市町村の廃置分合または境界変更の計画を定めまたはこれを変更しようとするときは、都道府県知事は、関係市町村、当該都道府県の議会、当該都道府県の区域内の市町村の議会または長の連合組織その他の関係のある機関及び学識経験を有する者等の意見を聴かなければならない。

5　市町村の区域内にあらたに土地を生じたときは、市町村長は、当該市町村の議会の議決を経てその旨を確認し、都道府県知事に届け出なければならない。都道府県知事は、届け出を受理したときは、直ちにその旨を公表するとともに、総務大臣に報告しなければならない。

> 解説 **2**

1　**誤り。**境界の変更や区域の編入がある場合において財産処分を必要とするときは、関係地方公共団体が協議してこれを定める。ただし、法律に特別の定があるときは、この限りでない。

2　**誤り。**都道府県の廃止、設置、編入の際は、関係都道府県の申請に基づき、内閣が国会の承認を経てこれを定めることができる。

3　**誤り。**市町村の廃置分合をしようとするとき、都道府県知事の申請または協議については、関係のある普通地方公共団体の議会の議決を経なければならない。

4 **正しい。**

5 前半は正しい。後半が**誤り**。都道府県知事は、届け出を受理したとき
は、直ちにこれを告示しなければならない。

正答　4

問題3 地方自治法に定める条例及び規則に関する記述として、妥当な
のはどれか。

1 普通地方公共団体は、義務を課し、又は権利を制限するには、法令に特
別の定めがある場合を除くほか、条例または規則によらなければならない。

2 普通地方公共団体は、法令に特別の定めがあるものを除くほか、その条
例中に、条例に違反した者に対し、2年以下の懲役若しくは禁錮、100万
円以下の罰金、拘留、科料若しくは没収の刑または5万円以下の過料を科
する旨の規定を設けることができる。

3 普通地方公共団体は、自治事務については法令に違反しない限りにおい
て条例を定めることができるが、法定受託事務については法の委任があっ
た場合に限り条例を定めることができる。

4 普通地方公共団体の長は、条例に特別の定めがあるものを除くほか、普
通地方公共団体の規則中に、規則に違反した者に対し、5万円以下の過料
を科する旨の規定を設けることができる。

5 普通地方公共団体の長が規則を制定する場合、当該普通地方公共団体の
議会の承認を得なければならない。

解説3

1 **誤り。** 普通地方公共団体は、義務を課し、又は権利を制限するには、法
令に特別の定めがある場合を除くほか、条例によらなければならない。

2 **正しい。**

3 **誤り。** 法定受託事務についても、法令に違反しない限りにおいて条例を
定めることができる。

4 **誤り。** 普通地方公共団体の長は、法令に特別の定めがあるものを除くほ
か、規則中に、規則に違反した者に対し、5万円以下の過料を科する旨の

規定を設けることができる。

5　**誤り**。普通地方公共団体の長が規則を制定する場合、議会の承認は得なくてもよい。

正答　2

▌**問題4**　地方自治法における選挙に関する記述として、妥当なのはどれか。

1　日本国民で年齢満18年以上の者で引き続き3カ月以上市町村の区域内に住所を有するものは、その属する普通地方公共団体の議会の議員及び長の選挙権を有する。

2　外国人であっても永住権を取得したもので、年齢満25年以上のものは、普通地方公共団体の議会の議員の被選挙権を有する。

3　日本国民で立候補時に年齢満30年以上のものは、都道府県知事の被選挙権を有する。

4　普通地方公共団体の議会の議員の選挙権を有する者で、年齢満25年以上のものは、その市町村長の被選挙権を有する。

5　普通地方公共団体の議会の議員は、その属する地方公共団体の選挙管理委員の委員を選挙することはできない。

▌**解説4**

1　**正しい**。

2　**誤り**。普通地方公共団体の議会の議員の被選挙権を有するための条件は、日本国民で満25歳以上であること、普通地方公共団体の議会の議員の選挙権を持っていることであるが、永住権の取得では選挙権はなく、日本国籍を取得（帰化）すれば、選挙権を有することになる。

3　**誤り**。立候補時ではなく、選挙期日（投票日）に年齢満30年達していればよい。

4　**誤り**。普通地方公共団体の議会の議員の選挙権を有する者だと、住所要件が入ってしまうため誤り。日本国民であれば、住所要件は不要。

5　**誤り**。選挙管理委員は、選挙権を有する者で、人格が高潔で、政治及び

選挙に関し公正な識見を有するもののうちから、普通地方公共団体の議会においてこれを選挙する。

正答　1

問題 5　　地方自治法に定める直接請求に関する記述として、妥当なのはどれか。

1　選挙権を有する者は、その総数の50分の1以上の者の連署をもって、その代表者から、普通地方公共団体の長に対し、条例の改廃を請求することができる。

2　議会は、直接請求により付議された事件の審議を行うに当たっては、その請求を行う代表者及び当該普通地方公共団体の長に対し意見を述べる機会を与えなければならない。

3　選挙管理委員会は、請求者の署名簿を提出された際、これに署名した者が選挙人名簿に登録された者であることの証明を求められた日から15日以内に審査を行い、署名の効力を決定し、その旨を証明しなければならない。

4　選挙権を有する者は、その総数の50分の1以上の者の連署をもって、その代表者から、普通地方公共団体の監査事務局長に対し、当該普通地方公共団体の事務の執行に関し、監査の請求をすることができる。

5　監査委員は、監査の結果に関する報告の決定について、意見が一致しないことにより決定することができない事項がある場合には、各監査委員の意見を代表者に送付し、かつ、公表するとともに、これらを当該普通地方公共団体の議会及び長並びに関係のある教育委員会、選挙管理委員会、人事委員会若しくは公平委員会、公安委員会、労働委員会、農業委員会その他法律に基づく委員会または委員に提出しなければならない。

解説 5

1　前半は正しいが、後半が**誤り**。代表者は条例の制定または改廃の請求をすることができる。

2　**誤り**。普通地方公共団体の長に対し意見を述べる機会を与える必要はな

い。

3　**誤り**。選挙管理委員会は、証明を求められた日から20日以内に審査を行い、署名の効力を決定し、その旨を証明しなければならない。

4　**誤り**。代表者は、普通地方公共団体の監査委員に対し、監査の請求をすることができる。

5　**正しい**。

正答　**5**

第**2**章

基礎力確認テスト

問題6　地方自治法に定める普通地方公共団体の議会に関する記述として、妥当なのはどれか。

1　普通地方公共団体の議会の議員は、地方公共団体の議会の議員並びに常勤の職員と兼ねることができないが、短時間勤務の職を占める職員と兼ねることはできる。

2　議会は、予算について、額を増減してこれを議決することを妨げない。ただし、普通地方公共団体の長の予算の提出の権限を侵すことはできない。

3　普通地方公共団体の議会は、当該普通地方公共団体の公益に関する事件につき意見書を国会または関係行政庁に提出することができる。

4　議員の定数の4分の1以上の者は、議長に対し、会議に付議すべき事件を示して臨時会の招集を請求することができる。

5　普通地方公共団体の議会の議長及び副議長にともに事故があるときは、年長の議員が臨時に議長の職務を行う。

解説6

1　前半は正しい。後半が**誤り**。普通地方公共団体の議会の議員は、地方公務員法第22条の4第1項に規定する短時間勤務の職を占める職員と兼ねることができない。

2　前半が**誤り**。議会は予算について、増額してこれを議決することを妨げない。

3　**正しい**。

4　**誤り**。議員の定数の4分の1以上の者は、当該普通地方公共団体の長に

対し、会議に付議すべき事件を示して臨時会の招集を請求することができる。

5　**誤り**。普通地方公共団体の議会の議長及び副議長にともに事故があるときは、仮議長を選挙し、議長の職務を行わせる。

正答　3

問題 7　　地方自治法に定める普通地方公共団体の長の地位・権限に関する記述として、妥当なのはどれか。

1　普通地方公共団体の長の任期は4年とし、長の任期は、前任者の任期満了の日の翌日から起算する。

2　普通地方公共団体の長は、当該普通地方公共団体に対し請負をする者及びその支配人または主として同一の行為をする法人の無限責任社員、取締役、執行役、監査役もしくはこれらに準ずべき者、支配人及び清算人たることができない。

3　普通地方公共団体の長は、退職しようとするときは、その退職しようとする日前30日までに、当該普通地方公共団体の議会の議長に申し出なければならない。ただし、議会の同意を得たときは、その期日前に退職することができる。

4　長が担当する事務として、地方自治法第149条各号に、議案の提出、予算の調製・執行等の事務が限定列挙されている。

5　普通地方公共団体の長に事故があるとき、または長が欠けたときは、副知事または副市町村長がその職務を代理する。この場合において副知事または副市町村長が2人以上あるときは、席次の上下により、席次の上下が明らかでないときは年齢の多少により、年齢が同じであるときはくじにより定めた順序で、その職務を代理する。

解説 7

1　**誤り**。長の任期は、原則選挙の日から起算する。

2　**正しい**。

3　前半が**誤り**。後半は正しい。普通地方公共団体の長が退職しようとする

ときは、その退職しようとする日前、都道府県知事にあっては30日、市町村長にあっては20日までに、議会の議長に申し出なければならない。

4　**誤り**。地方自治法第149条には「普通地方公共団体の長は、おおむね左に掲げる事務を担当する」と定められており、同条各号で定められた事務は「限定列挙」ではなく「例示列挙」である。

5　前半は正しい。後半が**誤り**。副知事または副市町村長が2人以上あるときは、あらかじめ当該普通地方公共団体の長が定めた順序でその職務を代理する。その定めがないときは席次の上下により、席次の上下が明らかでないときは年齢の多少により、年齢が同じであるときはくじにより定めた順序で、その職務を代理する。

正答　2

問題8
地方自治法に定める普通地方公共団体の補助機関に関する記述として、妥当なのはどれか。

1　普通地方公共団体の長は、法律により都道府県に副知事を、市町村に副市町村長を置かないことができる。

2　副知事及び副市町村長は、普通地方公共団体の長により選任される。

3　副知事または副市町村長は、退職しようとするときは、その退職しようとする日前20日までに、当該普通地方公共団体の長に申し出なければならない。

4　副知事及び副市町村長は、検察官、警察官もしくは収税官吏または普通地方公共団体における公安委員会の委員と兼ねることができない。

5　会計管理者は、普通地方公共団体の長の補助機関である職員のうちから、普通地方公共団体の長が議会の同意を得て命ずる。

解説8

1　**誤り**。都道府県に副知事を、市町村に副市町村長を、条例で置かないことができる。

2　**誤り**。副知事及び副市町村長は、普通地方公共団体の長が議会の同意を得てこれを選任する。

3 **誤り**。副知事または副市町村長が退職しようとするときは、当該普通地方公共団体の議会の議長に申し出なければならない。
4 **正しい**。
5 **誤り**。会計管理者は、普通地方公共団体の長が命ずる。

正答 4

問題9 地方自治法に定める普通地方公共団体の行政委員会に関する記述として、妥当なのはどれか。

1 執行機関として法律の定めるところにより都道府県に置かなければならない委員会は、公安委員会、労働委員会、収用委員会、固定資産評価審査委員会、海区漁業調整委員会である。
2 教育委員会は、学校を管理し、学校の組織編制、教育課程、教科書その他の教材の取り扱い及び教育職員の身分取扱に関する事務を行う。
3 公安委員会は、都道府県警察を管理する。都道府県警察には、地方警務官を置く。
4 選挙管理委員は、選挙権を有する者で、人格が高潔で、政治及び選挙に関し公正な識見を有するもののうちから、普通地方公共団体の長が選任する。委員中に欠員があるときは、選挙管理委員会の委員長は、補充員の中からこれを補欠する。
5 監査委員の定数は、都道府県及び政令で定める市にあっては4人とし、その他の市及び町村にあっては2人とする。ただし、条例でその定数を増加することができる。

解説9

1 **誤り**。都道府県に置かなければならない委員会は、公安委員会、労働委員会、収用委員会、海区漁業調整委員会、内水面漁場管理委員会である。
2 **誤り**。教育委員会は、学校だけでなくその他の教育機関を管理し、学校の組織編制、教育課程、教科書その他の教材の取り扱い及び教育職員の身分取扱に関する事務を行い、並びに社会教育その他教育、学術及び文化に関する事務を管理し及びこれを執行する。

3　前半は正しい。後半が**誤り**。都道府県警察には、地方警務官だけでな
　く、地方警務官以外の警察官その他の職員を置く。

4　前半が**誤り**。後半は正しい。選挙管理委員は、普通地方公共団体の議会
　においてこれを選挙する。

5　**正しい。**

正答　5

問題10　　地方自治法に定める普通地方公共団体の附属機関に関する記述
として、妥当なのはどれか。

1　普通地方公共団体の執行機関の附属機関は、法律もしくはこれに基づく
　政令または条例の定めるところにより、その担任する事項について調停、
　審査、審議または調査等を行う機関とする。

2　附属機関を組織する委員その他の構成員は非常勤とされるが、条例によ
　り常勤にすることができる。

3　附属機関の庶務は、執行機関からの独立性を確保するため、法律または
　これに基づく政令に特別の定めがあるものを除き、附属機関においてつか
　さどるものとする。

4　附属機関は、自ら執行権を持ちつつ、必要な調停、審査、調査等を行
　い、執行機関の行政執行を助ける。

5　附属機関の委員には、民間の専門家や学識経験者等がおり、その専門的
　知識や経験の活用を図り、行政に民意を反映させ、あるいは、行政の公
　正、慎重な執行を確保する立場であるため、費用の弁償を受けることはで
　きるが、報酬を受けることはできない。

解説10

1　**正しい。**

2　**誤り**。附属機関を組織する委員その他の構成員は非常勤とされる。常勤
　とすることはできない。

3　**誤り**。附属機関の庶務は、法律またはこれに基づく政令に特別の定めが
　あるものを除く外、その属する執行機関においてつかさどるものとする。

4 **誤り**。附属機関は、その行政執行を助けるもので、自らの執行権はない。

5 **誤り**。附属機関の委員は費用弁償も報酬も受けることができる。

正答　1

問題11　地方自治法に定める普通地方公共団体の外部監査契約に関する記述として、妥当なのはどれか。

1　普通地方公共団体は、弁護士、公認会計士、税理士であるものと外部監査契約を締結することができる。

2　外部監査人は、監査の事務を行う期間は、監査の実施に関して知り得た秘密を漏らしてはならない。外部監査人は、監査の事務に関しては、刑法その他の罰則の適用については、法令により公務に従事する職員とみなす。

3　普通地方公共団体が外部監査人の監査を受けるに当たっては、当該普通地方公共団体の議会、長その他の執行機関または職員は、外部監査人の監査の適正かつ円滑な遂行に協力しなければならない。

4　普通地方公共団体の議会は、外部監査人の監査に関し必要があると認めるときは、外部監査人または外部監査人であった者の説明を求めることができるが、外部監査人に対し意見を述べることはできない。

5　普通地方公共団体の長が外部監査契約を解除する場合においては、あらかじめ監査委員の意見を聴くとともに、その意見を付けて議会の同意を得なければならない。外部監査人が、外部監査契約を解除しようとするときは、普通地方公共団体の長の同意を得なければならない。

解説11

1　**誤り**。外部監査契約を締結することができるのは、弁護士、公認会計士、国の行政機関において会計検査に関する行政事務に従事した者または地方公共団体において監査若しくは財務に関する行政事務に従事した者であって、監査に関する実務に精通しているものとして政令で定めるものである。また、地方公共団体が必要と認めるときは、税理士と外部監査契約を締結することができる。

2　前半は**誤り**。後半は正しい。外部監査人でなくなった後であっても、監

78

査の実施に関して知り得た秘密を漏らしてはならない。

3　**誤り**。努力義務である。普通地方公共団体の議会、長その他の執行機関
または職員は、外部監査人の監査の適正かつ円滑な遂行に協力するよう努
めなければならない。

4　後半が**誤り**。普通地方公共団体の議会は、外部監査人の監査に関し必要
があると認めるときは、外部監査人に対し意見を述べることができる。

5　**正しい**。

正答　5

▌第2章　基礎力確認テスト

▌**問題12**　　地方自治法に定める普通地方公共団体の予算に関する記述とし
て、妥当なのはどれか。

1　普通地方公共団体の長は、毎会計年度予算を調製し、年度開始前に議会
の議決を経なければならない。この場合は、遅くとも年度開始前、都道府
県においては20日までに当該予算を議会に提出するようにしなければな
らない。

2　歳出予算の経費のうち、その性質上または予算成立後の事由に基づき年
度内にその支出を終わらない見込みのあるものについては、予算の定める
ところにより、翌年度に繰り越して使用することができる。この経費を継
続費という。

3　歳入歳出予算は、歳入にあっては、その性質に従って款に大別し、か
つ、各款中においてはこれを項に区分し、歳出にあっては、その目的に従
ってこれを款項に区分しなければならない。

4　普通地方公共団体の長は、予算の調製後に生じた事由に基づいて、既定
の予算に追加その他の変更を加える必要が生じたときは、暫定予算を調製
し、これを議会に提出することができる。

5　歳出予算の経費の金額は、各款の間または各項の間において相互にこれ
を流用することができない。

▌**解説12**

1　前半は正しい。後半が**誤り**。都道府県や指定都市は年度開始前30日、

その他の市及び町村においては年度開始前20日までに当該予算を議会に提出するようにしなければならない。

2 **誤り**。この説明は繰越明許費の説明である。

3 **正しい**。

4 **誤り**。暫定予算の説明ではなく、補正予算の説明である。

5 **誤り**。歳出予算の各項の経費の金額は、予算の執行上必要がある場合に限り、予算の定めるところにより、これを流用することができる。

正答　3

問題13　地方自治法に定める決算に関する記述として、妥当なのはどれか。

1 　給与の会計年度所属区分は、現金主義に基づき、実際に支給した日の属する年度である。

2 　出納整理期間は、現金の未収・未払を整理する期間であり、会計年度が終了する前の一定期間がこれに当たる。

3 　決算は、議会の認定を受けて初めて確定するものであり、議会が決算を認定しなかった場合、長はそれを不信任議決とみなして議会を解散することができる。

4 　普通地方公共団体の長は、毎会計年度、出納の閉鎖後3カ月後以内に、決算を調製し、証書類とあわせて、当該普通地方公共団体の議会の認定に付さなければならない。

5 　決算の結果生じた歳計剰余金は、原則として翌年度に繰り越さなければならないが、条例または議決により、その全部または一部を基金に編入することができる。

解説13

1 　**誤り**。給与の会計年度所属区分は、発生主義に基づき、支給原因が発生した日の属する年度である。

2 　**誤り**。出納整理期間は、会計年度が終了した後の一定期間がこれに当たる。

3　**誤り**。不信任議決とみなすことはできない。

4　**誤り**。決算を調製するのは会計管理者である。長は、会計管理者から提出された書類に監査委員の意見を付けて、次の通常予算を議する会議までに議会の認定に付さなければならない。

5　**正しい**。

正答　5

問題14　地方自治法に定める地方公共団体の収入に関する記述として、妥当なのはどれか。

1　分担金は、地方公共団体全体に利益のある事件に関し、必要な費用に充てるために徴収するもので、分担金に関する事項は規則で定めなければならない。

2　手数料は、全国的に統一して定めることが必要な内容が含まれるため、手数料に関する事項は、必ず政令で定める。

3　地方公共団体が管理する国の営造物については、当該営造物の使用料を当該地方公共団体が徴収することはできない。

4　使用料は、行政財産の目的外使用または公の施設の利用について、その反対給付として徴収するものである。

5　地方公共団体は、不特定多数の者に提供する役務について、その費用を償うため、手数料を徴収することができる。

解説14

1　**誤り**。分担金は、数人または普通地方公共団体の一部に対し利益のある事件に関し、その必要な費用に充てるため、当該事件により特に利益を受ける者から、その受益の限度において徴収するものであり、分担金に関する事項は条例で定めなければならない。

2　**誤り**。手数料について全国的に統一して定めることが特に必要と認められるものとして政令で定める事務について手数料を徴収する場合においては、当該事務のうち政令で定めるものにつき、政令で定める金額の手数料を徴収することを標準として、条例を定めなければならない。

3 **誤り。**地方公共団体が管理する国の営造物についても、当該営造物の使用料を当該地方公共団体が徴収することができる。

4 **正しい。**

5 **誤り。**手数料は、地方公共団体が、当該地方公共団体の事務で特定の者のためにするものにつき、徴収するものである（不特定多数の者に提供するものではない）。

正答　4

問題15　地方自治法に定める契約に関する記述として、妥当なのはどれか。

1 　一般競争入札では、予定価格の制限の範囲内で最低制限価格以上の価格の入札がないときは再度入札ができるが、これは初回の入札の継続として行うものであるから入札条件の変更はできない。

2 　指名競争入札とは、資力・信用その他について適当と認める特定多数の者を指名して競争を行わせ、その中から最も有利な条件を提示する者と契約を締結する方法であり、公正度・安全性・効率性において最も優れた方法であるため、契約締結方法の原則とされている。

3 　随意契約は、競争の方法によらず、発注者が任意に特定の相手方を選んで契約締結する方法であり、最も不正の恐れがあるため、契約を履行できる者が1人しかいない場合のみ認められている。

4 　契約の相手方をして、契約保証金を納付させた場合において、契約の相手方が契約上の義務を履行しないときは、その契約保証金は、裁判所に供託される。

5 　工事または製造の請負の契約については、あらかじめ契約内容の履行を確保するための最低制限価格を設け、これ以上の価格で申し込みをした者のうち最低の価格で申し込みをした者を落札者とする制度を、適用できない。

解説15

1 **正しい。**

2 **誤り。**契約締結の原則は一般競争入札である。

3　**誤り**。予定価格が一定額以下の場合等にも認められる。

4　**誤り**。契約の相手方に契約保証金を納付させた場合において、契約の相手方が契約上の義務を履行しないときは、その者が納付した契約保証金は、当該地方公共団体に帰属する。

5　**誤り**。工事または製造の請負の契約についても、最低制限価格を設け、これ以上の価格で申し込みをした者のうち最低の価格で申し込みをした者を落札者とする制度を、適用できる。

正答　1

問題16　地方自治法に定める物品または債権に関する記述として、妥当なのはどれか。

1　物品とは、地方公共団体の所有に属する動産のことであり、地方公共団体が使用のために保管する動産は物品に含まれないが、株券や社債券などの有価証券や現金は物品に含まれる。

2　使用中の物品に係る保管を除き、物品の出納及び保管の事務は会計管理者がつかさどるが、会計管理者は、地方公共団体の長が通知しなければ、物品の出納をすることができない。

3　物品に関する事務に従事する職員は、その取り扱いに係る物品を地方公共団体から譲り受けてはならないが、これに違反してなされた物品の譲渡は、議会の議決により取り消されるまでは、有効なものとして扱われる。

4　債権とは、金銭の給付を目的とする普通地方公共団体の公法上の権利をいい、貸付料等の私法上の収入金に係る債権は含まれない。

5　地方公共団体の長は、債権について、政令の定めるところにより、その徴収停止または履行期限の延長をすることができるが、当該債権に係る債務の免除をすることはできない。

解説16

1　**誤り**。地方公共団体が使用のために保管する動産（政令で定める動産を除く）は物品に含まれるが、現金や有価証券は動産に含まれない。

2　**正しい**。

3　**誤り**。違反してなされた物品の譲渡は無効であり、議会の議決により取り消される前であっても、無効なものとして扱われる。

4　**誤り**。債権とは、金銭の給付を目的とする普通地方公共団体の権利をいい、法令または条例に基づく収入金に係る債権だけでなく、物件の売払代金や貸付料等の私法上の収入金に係る債権も含まれる。

5　**誤り**。地方公共団体の長は、債権について、政令の定めるところにより、その徴収停止または履行期限の延長または当該債権に係る債務の免除をすることができる。

正答　2

問題17　地方自治法に定める現金及び有価証券に関する記述として、妥当なのはどれか。

1　歳計現金は、指定金融機関その他の確実な金融機関への預金その他の最も確実かつ有利な方法によって保管しなければならない。

2　歳計現金とは、地方公共団体の歳出に属する現金のことであり、歳入に属するものは除かれる。

3　現金または有価証券を保管する職員が、現金または有価証券を故意または過失により亡失したときは、原則としてこれによって生じた損害を賠償しなければならない。

4　歳入歳出外現金とは、地方公共団体の所有に属する現金のうち、法令によらないで保管できる現金のことをいう。

5　歳入歳出外現金の出納及び保管は、歳計現金の出納及び保管とは異なり、会計管理者の職務権限には属さない。

解説17

1　**正しい**。

2　**誤り**。歳計現金とは、地方公共団体の歳入及び歳出に属する現金のことである。

3　**誤り**。現金は故意または過失により、有価証券は故意または重大な過失により、亡失したときは、原則としてこれによって生じた損害を賠償しな

ければならない。

4　**誤り。**歳入歳出外現金には、法令の規定により保管するものや、債権の担保として保管するものがある。

5　**誤り。**歳入歳出外現金の出納及び保管も、会計管理者の職務権限に属するものである。

正答　1

問題18　　地方自治法に定める住民監査請求及び住民訴訟に関する記述として、妥当なのはどれか。

1　住民監査請求は、法律上の行為能力を有する地方公共団体の住民で、自然人だけが行うことができる。

2　住民監査請求をするには、選挙権を有する者の総数の50分の1以上の者の連署が必要であり、1人でも行うことができる事務の監査請求とは異なっている。

3　住民監査請求の請求権者は、違法または不当な行為のあった日または当該行為の終わった日から3年を経過したときは、住民監査請求をすることができない。

4　住民訴訟は、住民監査請求を行った住民が、直接長その他職員に対して提起することが認められているため、請求の相手方となる当該職員は、違法に職権を行使したこと等に基づく個人としての責任を問われるものである。

5　住民訴訟は、住民監査請求の手続きを経ていることを前提としているが、住民訴訟の対象は、住民監査請求の対象とされた違法な行為または違法な怠る事実に限られ、不当な行為または不当な怠る事実は除かれる。

解説18

1　**誤り。**住民監査請求は、普通地方公共団体の住民が行うことができ、法律上の行為能力を認められている限り、自然人だけでなく法人も行うことができる。

2　**誤り。**住民監査請求は1人でも行うことができ、選挙権を有する者の総数の50分の1以上の者の連署が必要である事務の監査請求とは異なって

いる。

3 **誤り。** 住民監査請求の請求権者は、違法または不当な行為のあった日または当該行為の終わった日から1年を経過したときは、住民監査請求をすることができない。

4 **誤り。** 当該職員に損害賠償の請求をすることを当該普通地方公共団体の執行機関に対して求めることはできるが、直接当該職員に対して賠償を請求する訴訟を提起することはできない。

5 **正しい。**

正答　5

問題19　　地方自治法に定める職員の賠償責任に関する記述として、妥当なのはどれか。

1　会計管理者または会計管理者の事務を補助する職員が、故意または過失により、その保管に係る有価証券を亡失したときは、これによって生じた損害を賠償しなければならない。

2　支出負担行為を行う権限を有する職員が、故意または過失により当該普通地方公共団体に損害を与えたときは、これによって生じた損害を賠償しなければならない。

3　地方自治法に定める職員の賠償責任が、2人以上の職員の行為によって生じたものであるときは、それぞれの職分にかかわらず、当該職員は連帯して賠償責任を負う。

4　監査委員は、占有動産を保管している職員が法の定める行為によって当該普通地方公共団体に損害を与えたと認めるときは、その事実を監査し、当該職員に賠償額を請求しなければならない。

5　普通地方公共団体の長は、賠償の原因となる事実を知った日または事実の発生した日から5年を経過したときは、職員に対し賠償を命じることができない。

解説19

1　**誤り。** 故意または重大な過失により、その保管に係る有価証券を亡失し

たときは、これによって生じた損害を賠償しなければならない。

2　**誤り**。支出負担行為を行う権限を有する職員が、故意または重大な過失により法令の規定に違反して当該普通地方公共団体に損害を与えたときは、これによって生じた損害を賠償しなければならない。

3　**誤り**。職分や過失割合に応じて責任を負う。

4　**誤り**。普通地方公共団体の長は、占有動産を保管している職員が法の定める行為によって当該普通地方公共団体に損害を与えたと認めるときは、監査委員に対し、その事実があるかどうかを監査し、賠償責任の有無及び賠償額を決定することを求め、その決定に基づき、期限を定めて賠償を命じなければならない（賠償を命じるのは長であって監査委員ではない）。

5　**正しい**。

正答　5

問題20　地方自治法に定める普通地方公共団体の公の施設に関する記述として、妥当なのはどれか。

1　普通地方公共団体は、重要な公の施設のうち条例で定める特に重要なものについて、廃止や条例で定める長期かつ独占的な利用をさせようとするときは、議会において出席議員の3分の2以上の者の同意を得なければならない。

2　普通地方公共団体は、公の施設の設置の目的を効果的に達成するため必要があると認めるときは、公共団体、公共的団体、出資法人であって当該普通地方公共団体が指定するものに管理を行わせることができる。

3　普通地方公共団体は、指定管理者の指定をしようとするときは、あらかじめ、当該普通地方公共団体の長が期間を定めて行うものとする。

4　普通地方公共団体は、指定管理者にその管理する公の施設の利用に係る料金を当該指定管理者の収入として収受させることができない。

5　普通地方公共団体の長以外の機関がした公の施設を利用する権利に関する処分についての審査請求は、普通地方公共団体の長が当該機関の最上級行政庁でない場合においては、指定管理者に対してするものとする。

1 **正しい。**

2 **誤り。**指定することができるのは、法人その他の団体であり、株式会社や公益法人、NPO、任意団体なども可能である。

3 **誤り。**あらかじめ、当該普通地方公共団体の議会の議決を経なければならない。

4 **誤り。**普通地方公共団体が適当と認めるときは、指定管理者の収入として収受させることができる。

5 **誤り。**設問の場合においても、当該普通地方公共団体の長に対してするものである。

正答　1

問題21 地方自治法に定める国と地方公共団体の関係に関する記述として、妥当なのはどれか。

1 各大臣は、都道府県の事務に関し、その自治事務の処理が法令の規定に違反していると認めるとき、または著しく適正を欠き、かつ、明らかに公益を害していると認めるときは、当該都道府県に対し、当該自治事務の処理について違反の是正または改善のため必要な措置を講ずべきことを求めることができる。

2 国の行政機関または都道府県の機関は、普通地方公共団体に対し、助言、勧告その他これらに類する行為を行う場合は、当該助言等の趣旨及び内容を記載した書面を交付しなければならない。

3 国の行政機関または都道府県の機関は、普通地方公共団体からの申請または協議の申し出があった場合において、許認可等及び許認可等の取り消し等を判断するために必要とされる基準を定め、かつ、行政上特別の支障があるときを除き、これを公表しなければならない。

4 普通地方公共団体の長その他の執行機関は、その担任する事務に関する国の関与のうち是正の要求、許可の拒否その他の処分その他公権力の行使に当たるものに不服があるときは、国地方係争処理委員会に対し、当該国の関与を行った国の行政庁を相手方として、文書で、審査の申し出をする

ことができる。

5　普通地方公共団体相互の間または普通地方公共団体の機関相互の間に紛争があるときは、総務大臣が当事者の文書による申請に基づきまたは職権により、紛争の解決のため、自治紛争処理委員を任命し、その調停に付することができる。

▶**解説21**

1　**誤り。**各大臣が、都道府県の事務に関して措置を求められるのは、各大臣の担任する事務に関してのみである。

2　**誤り。**助言等の行為を書面によらないで行うこともできる。この場合において、当該普通地方公共団体から当該助言等の趣旨及び内容を記載した書面の交付を求められたときは、これを交付しなければならない。

3　**誤り。**許認可等をする場合は基準を定め公表しなければならないが、許認可等の取り消し等をする場合の基準を定めた場合の公表は努力義務である。

4　**正しい。**

5　**誤り。**都道府県または都道府県の機関が当事者となるものにあっては総務大臣、その他のものにあっては都道府県知事が、自治紛争処理委員を任命しその調停に付することができる。

正答　4

▶**問題22**　地方自治法に定める指定都市または中核市に関する記述として、妥当なのはどれか。

1　指定都市は人口50万人以上、中核市は人口20万人以上で、それぞれ面積が100㎢、50㎢以上であることが要件であり、いずれも条例でその区域を分けて区を設けることができる。

2　指定都市には、都道府県知事の関与等をなくし、あるいは都道府県知事の関与等に代えて主務大臣の関与等を受けるなどの関与の特例が設けられている。

3　指定都市は、市長の権限に属する事務を分担させるため、規則に基づ

き、その区域を分けて区を設けることができるが、中核市は、このような区を設けることはできない。

4　中核市の指定は、あらかじめ当該市の議会の議決を経て、都道府県の議会の議決による同意を得た上で、総務大臣に対して申請を行い、総務大臣の認可を受けることにより効力を生じる。

5　中核市に関する関与の特例は、指定都市に認められるもののうち、福祉、保健衛生、まちづくりの事務についてのみ認められる。

解説22

1　**誤り**。指定都市は「人口50万以上」、中核市は「人口20万以上」という要件が定められているが、面積に関する要件は定められていない。また、区を設けることができるのは指定都市だけである。なお、特例市は平成27年に改正施行された地方自治法において廃止（削除）されていることに注意。

2　**正しい**。

3　**誤り**。指定都市は、市長の権限に属する事務を分掌させるため、条例で、その区域を分けて区を設けるものとされている（必ず区は置かなければならない）。中核市に区を設けることができないことについては正しい。

4　**誤り**。関係市から総務大臣への申し出に基づき、政令で指定されるものであり、認可を要するものではない。あらかじめ当該市の議会の議決及び都道府県の同意を得なければならないことについては正しい。

5　**誤り**。中核市は、土地区画整理事業や屋外広告物の規制に関する事務も、関与の特例が認められる。

正答　2

問題23
地方自治法に定める地方公共団体の協力方式に関する記述として、妥当なのはどれか。

1　普通地方公共団体は、その事務の一部を共同処理するため、総務大臣または都道府県知事に届け出て、一部事務組合を設けることができ、この組合は、普通地方公共団体としての法人格を有する。

2　普通地方公共団体は、その事務の一部を共同して管理執行するため、協議会を設けることができるが、この協議会は独立した法人格を有し、協議会の名において事務を管理執行する。

3　職員の派遣においては原則として、退職手当・厚生年金は派遣先団体の負担となるが、給与・手当・旅費は派遣元団体の負担となる。

4　共同設置できる機関は、幅広く認められており、教育委員会や公安委員会は含まれるが、議会事務局は除かれる。

5　地方公共団体の事務の委託は、都道府県相互間及び市町村相互間のほか、都道府県と市町村の間においても行うことができる。

解説23

1　**誤り**。総務大臣または都道府県知事への届け出ではなく許可が必要である。また、一部事務組合は特別地方公共団体に区分される。

2　**誤り**。協議会は法人格を有せず、参加する地方公共団体の名において事務を管理執行することになる。なお、協議会の会長及び委員は、規約で定めるところにより常勤または非常勤とすることとされている。

3　**誤り**。派遣先団体・派遣元団体の記述が逆である。

4　**誤り**。教育委員会・議会事務局の共同設置はできるが、公安委員会の共同設置はできない。

5　**正しい**。

正答　5

問題24

地方自治法に定める都と特別区の関係に関する記述として、妥当なのはどれか。

1　都知事は特別区に対し、都と特別区及び特別区相互の間の調整上、特別区の事務の処理について、その処理の基準を示すなど必要な助言または勧告を行うことができる。

2　特別区は、特別地方公共団体であるが、基礎的な地方公共団体として位置づけられ、法律またはこれに基づく政令により市町村が処理することとされている事務の全てを処理することができる。

3 都及び特別区の事務の処理について、都と特別区及び特別区相互間の連絡調整を図るため、都及び特別区の間での協定に基づき、都区協議会が設置されている。

4 都知事は、特別区財政調整交付金に関する条例を制定するときは、あらかじめ都区協議会に協議し、その承認を得なければならない。

5 都は、都と特別区及び特別区相互間の財源の均衡化を図り、特別区の行政の自主的かつ計画的な運営を確保するため、条例の定めるところにより、規則で特別区財政調整交付金を交付する。

解説24

1 **正しい。**
2 **誤り。** 都に留保されている事務が一部ある。
3 **誤り。** 都区協議会は地方自治法に基づくものである。
4 **誤り。** 都区協議会の意見を聴かなければならない。
5 **誤り。** 政令の定めるところにより、条例で交付金を交付する。

正答　1

問題25
地方自治法に定める普通地方公共団体の議会に関する記述として、妥当なのはどれか。

1 普通地方公共団体の議会は、定例会及び臨時会とする。臨時会は、必要がある場合において、その事件に限りこれを招集する。臨時会に付議すべき事件は、議長があらかじめこれを告示しなければならない。

2 普通地方公共団体の議会は、条例で、常任委員会及び議会運営委員会を置くことができる。委員会は、閉会中もこれを審査することができる。

3 普通地方公共団体の議会は、議員の定数の半数以上の議員が出席しなければ、会議を開くことができない。ただし、除斥のため半数に達しないとき、同一の事件につき再度招集してもなお半数に達しないとき、または招集に応じても出席議員が定数を欠き議長において出席を催告してもなお半数に達しないとき若しくは半数に達してもその後半数に達しなくなったときは、この限りでない。

4　普通地方公共団体の議会の会議は、これを公開する。ただし、議長を除く議員3人以上の発議により、出席議員の3分の2以上の多数で議決したときは、秘密会を開くことができる。

5　普通地方公共団体の議会が議案に対する修正の動議を議題とするに当たっては、議員の定数の10分の1以上の者の発議によらなければならない。

解説25

1　前半は正しい。後半が**誤り**。臨時会に付議すべき事件は、普通地方公共団体の長があらかじめこれを告示しなければならない。

2　**誤り**。普通地方公共団体の議会は、常任委員会、議会運営委員会及び特別委員会を置くことができる。また、委員会が閉会中もこれを審査することができるのは、議会の議決により付議された特定の事件についてである。

3　**正しい。**

4　前半は正しい。後半が**誤り**。議長または議員3人以上の発議により、出席議員の3分の2以上の多数で議決したときは、秘密会を開くことができる。

5　**誤り**。議案に対する修正の動議を議題とするに当たっては、議員の定数の12分の1以上の者の発議によらなければならない。

正答　3

第4節 地方公務員制度

　地方公務員法は、地方公務員の任用や勤務条件、分限及び懲戒、服務等の基本事項を定めた法律です。地方公務員として仕事をしていく上で基本となる大変重要な法律ですから、この機会に正しい知識を身に付けましょう。

　地方公務員法は全65条と短い法律ですが、この科目の出題数はＡⅠ類事務で8問が出題されることとなっており、非常に大きなウェートを占めています。他の法律科目と比較すると、条文の内容が具体的でイメージしやすく、勉強しやすい科目であるといえます。また、自らの業務や働き方にも直接影響する内容ですので、ぜひこの機会に理解を深め、得点源にしていただければと思います。なお、条文に目を通す際は、ただ漫然と読むだけではなく、常に条文の意義と問われやすいポイントを意識することが重要です。

　地方公務員法は、平成29年5月（令和2年4月1日施行、特別職の任用及び臨時的任用の厳格化、「会計年度任用職員」の創設による一般職の非常勤職員の任用に関する制度の明確化）、令和3年6月（令和5年4月1日施行、地方公務員の定年引き上げ）に改正されていますので、その内容についてもきちんと押さえておきましょう。

出題傾向と勉強方法

　過去の主任試験における地方公務員制度の出題実績は、表に示す通りです。

　地方公務員法は、条文数が少ない割に出題数が多いため、各条から幅広く出題されています。中でも「任用」「服務」「分限及び懲戒」に関する問題は頻出で、毎年必ず出題されています。これらの分野は、試験対策としてだけではなく、都職員として必要不可欠な知識になりますので、この機会にしっかり学習しておくようにしましょう。

　問題によっては、関係法令や行政実例等の知識まで必要になるものもあり、関連分野も含めて総合的に理解しておくことが必要になります。また、その一方で細かな点まで問われる選択肢もありますので、条文の内容を正確

に押さえておくことも心掛けましょう。

　学習にあたっては、実際の過去問題を解いて出題傾向や特徴を確認した上で、参考書で基本的な論点を押さえながら問題集を繰り返し解いてください。その際、各選択肢のどの部分がどのように間違っているのかを意識することで、細かい部分まで理解し、知識を定着させることができます。

　問題集は、まずは1冊を完璧に解けるようにしましょう。何度も問題を解いて、間違った部分や苦手な分野を深掘りしましょう。その際に理解したことや自分なりの解説をノートにまとめて、試験前に確認することをお勧めします。

　以下に、代表的な参考図書を列挙します（2024年4月時点での最新版）。これら以外にもいくつか書籍が出版されていますので、自分の好みに合うものを探してみてください。特に問題集については、掲載問題数や解説部分の詳しさなどに違いがあります。また、出版年月日や法改正に対応しているかもよく確認してください。

○問題集
『1日10分　地方公務員法　第6次改訂版』都政新報社
『地方公務員法　実戦150題　第6次改訂増補版』都政新報社
『地方公務員法101問　第4次改訂版』学陽書房
『これで完璧地方公務員法200問　第4次改訂版』学陽書房
『地方公務員法基本問題集300問　第5次改訂版』公人の友社

○参考書
『地方公務員法の要点　第11次改訂版』学陽書房
『完全整理　図表でわかる地方公務員法　第3次改訂版』学陽書房

第2章
基礎力確認テスト

地方公務員制度の出題実績 (過去 10 年間)

地方公務員法と出題分野の対応				H26	H27	H28	H29	H30	R1	R2	R3	R4	R5
第一章		総則	一般職・特別職	○	○			○			○		
第二章		人事機関	任命権者		○			○	○			○	
			人事委員会		○			○		○			○
第三章	第一節	通則	平等原則					○				○	
	第二節	任用	任用			○	○	○				○	
			欠格条項	○	○			○			○		
			条件付採用	○	○			○			○		
			臨時的任用				○			○			○
			任期付採用			○					○		
			再任用			○					○		○
	第三節	人事評価	人事評価				○		○			○	
	第四節	給与、勤務時間 その他の勤務条件	給与				○	○					
	第四節の二	休業	休業										
	第五節	分限及び懲戒	離職	○	○					○			○
			分限処分		○		○		○			○	
			懲戒処分		○			○		○			○
	第六節	服務	服務の宣誓				○		○				○
			上司の命令に従う義務	○			○				○		
			信用失墜行為の禁止			○				○			
			秘密を守る義務				○		○		○		
			職務に専念する義務	○		○	○		○				
			政治的行為の制限	○	○			○		○			○
			争議行為等の禁止	○						○			○
			営利企業等の従事制限				○			○			
	第六節の二	退職管理	退職管理			○	○	○				○	
	第七節	研修	研修										
	第八節	福祉及び利益の保護	公務災害補償									○	
			勤務条件の措置要求	○		○		○		○			
			不利益処分の審査請求				○		○			○	
	第九節	職員団体	職員団体	○	○				○			○	
第四章		補則	補則										
第五章		罰則	罰則								○		
		その他	労働基本権			○			○				○
			地方公務員の関係法令				○					○	

> 問題 1　地方公務員法に定める一般職及び特別職に関する記述として、妥当なのはどれか。

1　地方公務員とは地方公共団体の全ての公務員をいう。その職は、一般職と特別職とに分ける。
2　一般職及び特別職に属する地方公務員の範囲は、地方公務員法に限定列挙されている。
3　法令または条例、地方公共団体の規則若しくは地方公共団体の機関の定める規程により設けられた委員及び委員会の構成員の職で臨時または非常勤のものは、特別職の公務員である。
4　臨時または非常勤の顧問、参与、調査員、嘱託員及びこれらの者に準ずる者、また消防吏員及び水防団員は、特別職の地方公務員である。
5　地方公務員法の規定は、一般職及び特別職に属する全ての地方公務員に適用する。

> 解説 1

1　**前半が誤り。**後半は正しい。地方公務員は地方公共団体及び特定地方独立行政法人の全ての公務員をいう。
2　**誤り。**限定列挙されているのは、特別職に属する地方公務員の範囲のみである。
3　**正しい。**
4　**誤り。**特別職の地方公務員は、前半部分及び非常勤の消防団員及び水防団員である。
5　**誤り。**地方公務員法の規定は、法律に特別の定めがある場合を除く外、特別職に属する地方公務員には適用しない。

正答　3

> 問題 2　地方公務員法に定める任命権者に関する記述として、妥当なのはどれか。

1　任命権者は、地方公務員法に列挙された者に限定され、その他の者が任

命権者になることは認められていない。

2　地方公営企業の職員の任命権者は地方公営企業管理者であり、議会局の職員の任命権者は議会の議長である。

3　地方公務員法には、選挙管理委員会、教育委員会、人事委員会及び労働委員会等が任命権者として記されている。

4　任命権者は、それぞれ職員の任命、免職及び懲戒を行う権限を有するものとする。

5　任命権者は、権限の一部をその補助機関たる上級の地方公務員に委任することはできない。

解説 2

1　**誤り**。限定列挙ではなく、例示列挙である。この他に、法令・条例に基づく任命権者がある。

2　**正しい**。

3　**誤り**。労働委員会は都道府県知事が所管し、知事が任命権者である。

4　**誤り**。任命権者は、職員の任命、人事評価、休職、免職及び懲戒等を行う権限を有するものとする。

5　**誤り**。任命権者は、権限の一部をその補助機関たる上級の地方公務員に委任することができる。

正答　2

問題 3　地方公務員法に定める平等原則等に関する記述として、妥当なのはどれか。

1　地方公務員は、この法律の適用について、平等に取り扱われなければならず、人種、信条、性別、社会的身分等によって、差別されてはならない。

2　平等取り扱いの原則において、いかなる政治的意見若しくは政治的所属関係によっても、差別されてはならない。

3　採用試験は、全ての国民に対して平等の条件で公開されなければならない。

4　職員の採用に当たって、病歴、性的指向・性自認を問うことは、採用後

の人事配置に必要な情報のため職業差別にはならない。

5 職員は、職員団体の構成員であること、職員団体を結成しようとしたこと、若しくはこれに加入しようとしたことまたは職員団体のために正当な行為をしたことの故をもって不利益な取り扱いを受けることはない。

解説 3

1 **誤り。**平等取り扱いの原則で対象にしているのは、地方公務員ではなく、「全ての国民」である。

2 **誤り。**日本国憲法施行の日以後において、日本国憲法またはその下に成立した政府を暴力で破壊することを主張する政党その他の団体を結成し、またはこれに加入した者に該当する場合を除く。

3 **誤り。**採用試験は、人事委員会等の定める受験の資格を有する全ての国民に対して平等の条件で公開されなければならない。

4 **誤り。**標準職務遂行能力及び適性の判定に必要のない事項の把握を行うことは、平等取り扱いの原則に反しているとの疑念を受けかねないとされている。

5 **正しい。**

正答 5

問題 4

地方公務員法に定める任用に関する記述として、妥当なのはどれか。

1 職員の任用は、法律の定めるところにより、受験成績及び人事評価に基づいて行わなければならない。

2 転任とは、職員をその職員が現に任命されている職以外の職員の職に任命することであって、昇任もこれに含まれる。

3 標準職務遂行能力とは、職制上の段階の標準的な職の職務を遂行する上で発揮することが求められる能力として人事委員会が定めるものをいう。

4 地方公共団体の長及び議会の議長以外の任命権者が、標準的な職を定めようとするときは、あらかじめ、地方公共団体の長に協議しなければならない。

5 人事委員会を置く地方公共団体においては、人事委員会は、任命の方法
のうちのいずれによるべきかについての一般的基準を条例で定めることが
できる。

解説4

1 **誤り。** 受験成績、人事評価だけでなく、その他の能力の実証に基づいて
行わなければならない。
2 **誤り。** 2の説明のうち、昇任に該当しないものをいう。
3 **誤り。** 人事委員会ではなく、任命権者が定めるものである。
4 **正しい。**
5 **誤り。** 任命の方法の一般的基準を条例で定める必要はない。

正答 4

問題5
地方公務員法に定める欠格条項に関する記述として、妥当なの
はどれか。

1 禁錮以上の刑に処せられ、その執行を終わるまでまたはその執行を受け
ることがなくなるまでの者は、職員となることはできない。
2 当該地方公共団体において懲戒免職の処分を受け、当該処分の日から3
年を経過しない者は、職員となることはできない。
3 人事委員会または公平委員会の委員の職にあって、罰則規定の罪を犯し
た者は、職員となることはできない。
4 日本国憲法施行の日以後において、日本国憲法またはその下に成立した
政府を暴力で破壊することを主張する者は、職員となることはできない。
5 欠格条項に該当する者は、いかなる場合も、職員となり、または競争試
験若しくは選考を受けることができない。

解説5

1 **正しい。**
2 **誤り。** 当該処分の日から2年を経過しない者である。

3 **誤り**。罰則規定の罪を犯した者で、刑に処せられた者である。

4 **誤り**。政府を暴力で破壊することを主張する「政党その他の団体を結成し、またはこれに加入した者」である。

5 **誤り**。条例で定める場合を除くほか、職員となり、または競争試験若しくは選考を受けることができない。

正答　1

問題6 地方公務員法に定める条件付採用に関する記述として、妥当なのはどれか。

1 職員の採用は、必要に応じて条件付のものとし、当該職員がその職において6月の期間を勤務し、その間その職務を良好な成績で遂行したときに、正式のものとなるものとする。

2 人事委員会等は、人事委員会規則で定めるところにより、条件付採用の期間を半年ごとに延長することができる。

3 条件付採用期間中の職員は、服務規律や懲戒に関する規定が適用され、法に定める事由により不利益処分を受けた場合、審査請求をすることができる。

4 条件付採用期間中の職員は、勤務条件に関する措置要求については、正式に採用された職員と同様の取り扱いを受けられない。

5 条件付採用期間中の職員には、分限処分に関する規定が適用されないが、地方公共団体は、条件付採用期間中の職員の分限について、条例で必要な事項を定めることができる。

解説6

1 **誤り**。職員の採用は、全て条件付のものとする。

2 **誤り**。条件付採用の期間は1年を超えない範囲内で延長することができる。

3 **誤り**。条件付採用期間中の職員には、不利益処分に対する審査請求の規定は適用されない。

4 **誤り**。勤務条件に関する措置要求については、正式採用職員と同様の取

り扱いを受ける。

5 **正しい。**

正答　5

問題7　　地方公共団体の一般職の任期付職員の採用に関する記述として、妥当なのはどれか。

1　職員を、一定の期間内に終了することが見込まれる業務に期間を限って従事させることが公務の能率的運営を確保するために必要である場合には、条例で定めるところにより、職員の任期を定めて採用することができる。

2　任命権者は、職員が育児休業または介護休業の承認を受けて勤務しない時間について、短時間勤務職員を当該職員の業務に従事させることが業務を処理するため適当であると認める場合には、条例で定めるところにより、短時間勤務職員の任期を定めて採用することができる。

3　特定任期付職員または一般任期付職員の任期は5年を超えない範囲内で任命権者が定め、短時間勤務職員の任期は3年を超えない範囲内で任命権者が定める。任期を超えて採用することはできない。

4　任命権者は、条例で定めるところにより、特定任期付職員または一般任期付職員の任期が5年に満たない場合にあっては、採用した日から5年を超えない範囲内において、その任期を更新することができる。

5　任命権者は、特定任期付職員を採用時の職においてその有する高度の専門的な知識経験または優れた識見を活用して従事していた業務と同一の業務を行うことを、その職務の主たる内容とする他の職に任用する場合に限り、その任期中、他の職に任用することができる。

解説7

1　**誤り。**「一定の期間内に終了することが見込まれる業務」または「一定の期間内に限り業務量の増加が見込まれる業務」のいずれかに従事させる場合である。

2　**誤り。**育児休業、介護休業だけではない。「地方公共団体の一般職の任

102

期付職員の採用に関する法律」第５条第３項参照。

3　**誤り。**前半は正しい。後半が誤り。短時間勤務職員について、特に３年を超える任期を定める必要がある場合として条例で定める場合は、５年にすることができる。

4　**正しい。**

5　**誤り。**その他、特定任期付職員または一般任期付職員を任期を定めて採用した趣旨に反しない場合にも、その任期中に他の職に任用することができる。

正答　4

問題 8　地方公務員法に定める再任用に関する記述として、妥当なのはどれか。

1　任命権者は、地方公共団体の条例年齢以上退職者を、条例で定めるところにより、従前の勤務実績により、短時間勤務の職に採用することができる。

2　条例で定める定年の年齢は、国の職員につき定められている国家公務員法に規定する年齢を基準として定めるものとする。

3　定年前再任用短時間勤務職員の任期は、採用の日から１年以内と規定されている。

4　定年退職日よりも前に勧奨退職した者のうち条例で定めるものを、退職に引き続き再任用することができる。

5　任命権者は、延長された任用期限が到来する場合において、条例で定めるところにより、引き続き延長を認めるときは、期限の翌日から起算して１年を超えない範囲内で期限を延長し、当該期限は、当該職員に係る定年退職日の翌日から起算して５年を超えることができない。

解説 8

1　**誤り。**従前の勤務実績のほか、その他の人事委員会規則で定める情報に基づく選考により採用する。

2　**正しい。**

3 **誤り。**任期は、採用の日から定年退職日相当日までとする。

4 **誤り。**再任用しようとする者が、その者を採用しようとする職に係る定年に達していなければならない。

5 **誤り。**当該職員に係る定年退職日の翌日から起算して3年を超えることができない。

正答　2

問題9 地方公務員法に定める人事評価に関する記述として、妥当なのはどれか。

1 任命権者は、人事評価を人事管理の基礎として任用、給与、分限に活用するものとする。

2 人事評価の基準及び方法に関する事項その他、人事評価に関し必要な事項は、人事委員会が定める。人事委員会は、人事評価の実施に関し、任命権者に勧告することができる。

3 任命権者は、職員の執務について定期的に人事評価を行わなければならず、その結果に応じた措置を講じなければならない。

4 任命権者が地方公共団体の長以外の者であるときは、人事評価に関し必要な事項について、あらかじめ、地方公共団体の長に協議しなければならない。

5 業績評価は、企画立案、専門知識、協調性、判断力などの評価項目に照らし、職員の職務上の行動等を通じて顕在化した業績について、その職員が果たすべき職務をどの程度達成したかを把握するものである。

解説9

1 **誤り。**任用、給与、分限その他に活用するものとし、その他には人材育成、配置管理等が含まれる。

2 **前半が誤り。**後半は正しい。人事委員会ではなく、任命権者が定める。

3 **正しい。**

4 **誤り。**任命権者が地方公共団体の長「及び議会の議長」以外の者であるとき、である。

5　**誤り**。業績評価は、具体的な業務の目標や課題を評価期間の期首に設定
し、期末にその達成度を把握することによって、職員の職務上の行動等を
通じて顕在化した業績について、その職員が果たすべき職務をどの程度達
成したかを把握するものである。

正答　3

問題10　　地方公務員法に定める給与に関する記述として、妥当なのはど
れか。

1　職員の勤務時間その他職員の給与以外の勤務条件を定めるに当たって
は、国及び他の地方公共団体の職員との間に権衡を失しないように適当な
考慮が払われなければならない。

2　職員の給与は、国及び他の地方公共団体の職員並びに民間事業の従事者
の給与を考慮して定められなければならない。

3　職員の給与は、給与に関する条例に基づいて支給されなければならず、
特に認められた場合を除き、金銭または有価物も職員に支給してはならな
い。

4　職員の給与は、法律または条例により特に認められた場合を除き、通貨
で、直接職員に、指定された額を支払わなければならない。

5　人事委員会は、毎年1回、給料表が適当であるかどうかについて、地方
公共団体の議会及び長に同時に報告するものとする。給与を決定する諸条
件の変化により、給料表に定める給料額を増減することが適当であると認
めるときは、あわせて適当な勧告をすることができる。

解説10

1　**正しい**。
2　**誤り**。国、他の地方公共団体の職員、民間事業の従事者の給与の他に、
生計費及びその他の事情を考慮して定められなければならない。
3　**誤り**。給与に関する条例に基づかずには、いかなる金銭または有価物も
職員に支給してはならない。
4　**誤り**。指定された額ではなく、その全額を支払わなければならない。

5　**誤り**。前半が誤り。後半は正しい。毎年１回ではなく、毎年少なくても
　　１回報告するものとする。

正答　1

問題11　　地方公務員法に定める分限に関する記述として、妥当なのはど
れか。
1　分限とは、職員の身分保障を前提として、役職との関係における身分関
　　係の変動を意味し、全ての職員の分限及び懲戒については、公正でなけれ
　　ばならない。
2　職員は、地方公務員法で定める事由による場合でなければ、その意に反
　　して、休職され、または降給されない。
3　職員は、地方公務員法または条例で定める事由による場合でなければ、
　　その意に反して降任され、または免職されることがない。
4　条件付採用期間中の職員及び臨時的に任用された職員の分限について
　　は、条例で必要な事項を定めることができない。
5　任命権者は、職制若しくは定数の改廃または予算の減少による廃職また
　　は過員を生じた場合、その意に反して職員を降任することができるが、職
　　員の同意がなければ免職することはできない。

解説11

1　**正しい。**
2　**誤り**。地方公務員法または条例で定める事由による場合でなければ、そ
　　の意に反して、休職され、または降給されない。
3　**誤り**。地方公務員法で定める事由による場合でなければ、その意に反し
　　て、降任され、または免職されない。
4　**誤り**。条件付採用期間中の職員及び臨時的に任用された職員の分限につ
　　いては、条例で必要な事項を定めることができる。
5　**誤り**。この場合、職員の同意がなくても免職や降任を行うことができる。

正答　1

問題12 　地方公務員法に定める懲戒に関する記述として、妥当なのはどれか。

1　職員は、地方公務員法または条例で定める事由による場合でなければ、懲戒処分を受けることがない。
2　懲戒処分とは、公務能率の確保等の観点から一定の事由のある場合に、当該職員を役職あるいは職務から排除するものである。
3　懲戒の種類とは、戒告、降任、停職または免職の処分をすることである。
4　職員の懲戒の手続き及び効果は、法律に特別の定めがある場合を除くほか、条例で定めなければならない。
5　任命権者は、職員に対し、懲戒や降給等の意に反すると認める不利益な処分を行う場合においては、当該職員に対し、処分の事由を記載した説明書を交付しなければならない。

解説12

1　**誤り**。職員は、地方公務員法で定める事由による場合でなければ、懲戒処分を受けることがない。
2　**誤り**。懲戒処分は、職員の義務違反あるいは非行等に対する公務秩序維持の観点から行う制裁である。
3　**誤り**。懲戒処分の種類は、戒告、減給、停職、免職の4種類である。
4　**正しい**。
5　**誤り**。他の職への降任等に該当する降任をする場合、または他の職への降任等に伴い降給をする場合は、説明書を交付しなくてもよい。

正答　4

問題13 　地方公務員法に定める法令等及び上司の職務上の命令に従う義務に関する記述として、妥当なのはどれか。

1　地方公務員法に定める法令等に従う義務とは、職員が公共の利益のために勤務することを踏まえ、職員が職務遂行に関係なく一市民として守らなければならない法令等にも従わなければならないことであると解されている。

107

2 上司の職務上の命令に従う義務における上司は、職務上の上司と身分上の上司とに分けることができ、職務上の上司とは、職員の任免や懲戒について権限を有する者をいう。

3 職員は、階層的に上下の関係にある二人の上司から矛盾する命令を受けた場合、直近の上司の命令に従う義務を負うとされている。

4 重大かつ明白な瑕疵のある職務命令は無効であり、当該命令に従った職員は、その行為及び結果について責任を負う。

5 上司の職務上の命令に取り消しうべき瑕疵がある場合、あるいは有効な命令かどうか疑わしい場合、職員は、職務命令の効力に疑義がある旨の意見を上司に具申すれば、その命令に従う必要はない。

解説13

1 **誤り。**職員は、その職務を遂行するに当たって、法令、条例、地方公共団体の規則、地方公共団体の機関の定める規程に従わなければならないという義務のことである。

2 **誤り。**職員の任免や懲戒について権限を有する者は、職務上の上司ではなく身分上の上司である。なお、身分上の上司は、身分上の命令を発することはできるが、職務上の命令を発することはできない（職務上の上司ではない者からの職務に関する命令には、従う義務はない）。

3 **誤り。**このような場合には、より上位の地位にある上司の命令に従わなければならない。

4 **正しい。**

5 **誤り。**職務命令に取り消すべき瑕疵がある場合に、職員が上司に対して職務命令の疑義を具申することは可能であるが、それでも一応有効性の推定を受けるので、従う義務はある。

正答　4

問題14 地方公務員法に定める信用失墜行為の禁止に関する記述として、妥当なのはどれか。

1 信用失墜行為の禁止とは、職員は、その職の信用を傷つけるような行為

をしてはならないとするものである。

2　東京都の懲戒処分の指針において、具体的な処分量定の決定において
は、非違行為を行った職員の職責、過失の大きさ及び職務への影響など信
用失墜の度合い等を考慮の上判断するものとしている。

3　信用失墜行為には、職務遂行行為として行われるものに限らず、勤務時
間外の私的な行為も含まれるが、職務に必ずしも直接関係しない行為は含
まれない。

4　公務外で行われた行為で、刑事罰の対象にならない場合は、信用失墜行
為に当たらず懲戒処分の対象にならない。

5　職員以外の者に対してパワー・ハラスメントに類する言動を行ったとき
は、信用失墜行為には該当せず、懲戒処分には付されない。

解説14

1　**誤り。**職員は、その職の信用を傷つけ、または職員の職全体の不名誉と
なるような行為をしてはならない。

2　**正しい。**

3　**誤り。**職務に必ずしも直接関係しない行為も含まれる。

4　**誤り。**社会的に非難されるべき行為も懲戒処分の対象になる。

5　**誤り。**信用失墜行為、国民全体の奉仕者たるにふさわしくない非行など
に該当して、懲戒処分に付されることがある。

正答　2

問題15　地方公務員法に定める秘密を守る義務に関する記述として、妥
当なのはどれか。

1　職員は、職務上知り得た秘密を漏らしてはならない。その職を退いた後
も、3年間は同様とする。

2　法令による証人、鑑定人等となり、職務上の秘密に属する事項を発表す
る場合においては、任命権者の許可を受けなければならなく、この許可
は、いかなる場合も拒むことができない。

3　秘密を守る義務に違反して秘密を漏らした者は、3年以下の懲役または

50万円以下の罰金に処される。

4　職務上知ることのできた秘密とは、職員が職務に関連して知り得た全ての秘密をいい、その過程で偶然知り得た情報は職務上知ることのできた秘密に含まれない。

5　公益通報者が、通報中に、犯罪行為の事実等のほかに職務上知り得た秘密を外部機関に漏らした場合には、当該秘密は通報対象事実に該当せず、秘密を守る義務に違反する場合もある。

解説15

1　**後半が誤り。** その職を退いた後も、職務上知り得た秘密を漏らしてはならない。

2　**誤り。** この許可は、法律に特別の定めがある場合を除いて、拒むことができない。

3　**誤り。** 1年以下の懲役または50万円以下の罰金に処される。

4　**誤り。** 偶然知り得た情報も職務上知ることのできた秘密に含まれる。

5　**正しい。**

正答　5

問題16
地方公務員法に定める職務専念義務に関する記述として、妥当なのはどれか。

1　職務専念義務とは、職員は、法律または条例に特別の定めがある場合を除く外、職務上の注意力の全てをその職責遂行のために用い、当該地方公共団体がなすべき責を有する職務にのみ従事しなければならないとするものである。

2　職務専念義務が免除されるのは、法律または命令の定める場合で、休憩時間、休日、年次有給休暇、育児休業、時短勤務等が該当し、懲戒による停職、組合に専従することによる休職はこれに該当しない。

3　年次休暇などの残日数がないのに休む場合は、職場に休みの連絡をしていても、欠勤となり、職務専念義務は免除されない。

4　職務専念義務に違反した場合は、地方公務員法により罰則が定められて

いる。

5　職務専念義務があっても、全ての私的行為を制限するのは望ましくない
ため、職務怠慢行為により実際に業務に支障が出ていない場合は、職務専
念義務違反は認められない。

解説16

1　**誤り。**職員は、その「勤務時間」及び職務上の注意力の全てをその職責
遂行のために用いなければならない。

2　**誤り。**懲戒による停職、組合に専従することによる休職もこれに該当す
る。

3　**正しい。**

4　**誤り。**罰則の適用はないが、懲戒処分の対象となる。

5　**誤り。**実際に業務に支障が出ていなくても、職務怠慢行為があったこと
で職務専念義務違反が認められる場合がある。

正答　3

問題17

地方公務員法に定める政治的行為の制限に関する記述として、
妥当なのはどれか。

1　政治的行為の制限は、地方公共団体の行政の公正な運営の確保と職員の
利益保護を目的としており、地方公営企業職員、単純労務職員を含む一般
職の職員に適用され、臨時的任用職員にも適用される。

2　職員は、当該職員の属する地方公共団体の区域の内外を問わず、署名運
動を企画し、または主宰する等これに積極的に関与してはならない。

3　職員は、特定の候補者を支持する目的がなくても、当該区域内において
投票等の勧誘を行うことができず、違反した場合、地方公務員法上の罰則
の適用がある。

4　職員は、当該職員が属する地方公共団体の区域の内外を問わず、公の選
挙において特定の人を支持する目的をもって文書を地方公共団体の庁舎に
掲示することはできないが、違反しても地方公務員法上の罰則は適用され
ない。

111

5　政治的影響から職員を保護するため、何人も職員に対し政治的行為を行うよう求め、そそのかし、若しくはあおってはならないとされ、こうした行為を行った者に対して、地方公務員法は罰則を定めている。

解説17

1　**誤り。**地方公営企業職員・単純労務職員には、政治的行為の制限の規定は適用されない。
2　**誤り。**当該職員の属する地方公共団体の区域内に限り、署名運動を企画し、または主宰する等積極的にこれに関与してはならない。
3　**誤り。**職員は、特定の候補者を支持する目的をもって、当該区域内において投票等の勧誘を行うことができず、違反した場合、懲戒処分の対象にはなるが、地方公務員法上の罰則の適用はない。
4　**正しい。**
5　**誤り。**職員に政治的行為を行うよう求め、そそのかし、若しくはあおる行為には、罰則の適用はない。

正答　4

問題18　地方公務員法に定める争議行為等の禁止に関する記述として、妥当なのはどれか。

1　職員は、全体の奉仕者として公共の福祉のために勤務するという特殊性に基づき、争議行為等を行うことが一部制限されている。
2　職員は、争議行為等の禁止規定に違反して争議行為等を行った場合、懲戒処分の対象となるだけでなく、地方公務員法上の罰則の適用がある。
3　何人も、争議行為等違法な行為を企ててはならないが、その遂行を共謀することは職員と違い禁じられていない。
4　怠業的行為は、地方公共団体の活動能率を低下させるものだが争議行為には至らない程度の行為であり、争議行為そのものではないが、争議行為等の禁止の対象に含まれる。
5　職員は、争議行為等を行ったことにより懲戒処分を受けた場合、地方公共団体に対し、法令または条例に基づいて保有する任命上の権利をもって

対抗することができるとされている。

解説18

1 **誤り**。争議行為は一部制限ではなく一切禁止されている。

2 **誤り**。争議行為等の遂行を共謀したり、そそのかしたり、あおったり、またはこれらの行為を企てた者は、地方公務員法上の罰則が科されるが、争議行為の実行行為そのものには罰則の適用はない。

3 **誤り**。争議行為の遂行の共謀・そそのかし・あおり等の禁止は、職員でない者にも適用される（「何人も」）。

4 **正しい**。

5 **誤り**。法令または条例に基づいて保有する任命上の権利をもって対抗することができなくなる。

正答　4

問題19

地方公務員法に定める退職管理に関する記述として、妥当なのはどれか。

1 退職管理の規定における営利企業等とは、営利企業及び営利企業以外の法人をいい、営利企業以外の法人には、国、国際機関、地方公共団体、独立行政法人通則法に規定する行政執行法人及び特定地方独立行政法人が含まれる。

2 地方公共団体の職員であった者は、在職していた地方公共団体と再就職先との間の契約または処分であって、離職前2年間の職務に関し、離職後5年間、職務上の行為をするように、またはしないように現職職員に要求または依頼することが禁止されている。

3 退職管理の規定における再就職者とは、職員であった者で離職後に営利企業等の地位に就いている者をいい、この職員には、任期付職員と再任用職員も含まれる。

4 再就職した元職員のうち、理事であった者が法人の役員に就こうとする場合または就いた場合には、地方公務員法の規定に基づき、再就職情報の届け出をしなければならない。

5　任命権者は、人事委員会または公平委員会が行う調査の結果について、報告を求め、または意見を述べることができる。

解説19

1　**誤り。**営利企業以外の法人には、国、国際機関、地方公共団体、独立行政法人通則法に規定する行政執行法人及び特定地方独立行政法人は含まれない（行政執行法人以外の独立行政法人や公益法人等がこれに当たる）。
2　**誤り。**「離職前5年間の職務に関し、離職後2年間」禁止されている。
3　**正しい。**なお、臨時的任用職員・非常勤職員・条件付採用期間であった者には、規制は適用されないことに注意。
4　**誤り。**地方公共団体は条例に基づき、再就職した元職員に再就職情報の届け出をさせることができる。
5　**誤り。**人事委員会または公平委員会は、任命権者が行う調査の結果について、報告を求め、または意見を述べることができる。

正答　3

問題20
地方公務員法に定める勤務条件に関する措置の要求についての記述として、妥当なのはどれか。
1　勤務条件に関する措置の要求の制度は、職員が一般の労働者に認められる争議権の制限を受けることの代償措置として設けられた制度であるため、条件付採用期間の職員や臨時的任用職員、地方公営企業の職員も措置要求を行うことができる。
2　措置要求は、地方公共団体の長に対して行うもので、給与、勤務時間その他の勤務条件に関し、適当な措置が執られるべきことを要求するものである。
3　措置要求は、職員が単独または他の職員と共同して行うことができるほか、職員団体も行うことができる。
4　措置要求についての人事委員会の勧告は、法的な拘束力を有するものではないが、勧告を受けた地方公共団体の機関は、その実現に向けて努めなければならないとされている。

5　職員は、措置要求に対する判定について不服がある場合、取消訴訟の対象とはならないが、再審の手続きを求めることができる。

解説20

1　**誤り**。地方公営企業の職員・単純労務職員は、勤務条件に関する措置要求を行うことはできない（条件付採用期間の職員や臨時的任用職員は、措置要求を行うことができる）。

2　**誤り**。措置要求は、地方公共団体の長ではなく、人事委員会・公平委員会に対して行うものである。

3　**誤り**。職員が共同して措置要求を行うことはできるが、職員団体が措置要求を行うことはできない。

4　**正しい。**

5　**誤り**。措置要求に対する判定についての再審の手続きはないが、審査手続きが違法に行われたり、措置要求が違法に却下されたりした場合には、取消訴訟の対象となる。

正答　4

問題21　地方公務員法に定める不利益処分に関する審査請求についての記述として、妥当なのはどれか。

1　不利益な処分を受けた職員は、人事委員会または公平委員会に対してのみ審査請求をすることができる。

2　条件付採用期間の職員や臨時的任用職員、地方公営企業の職員は審査請求を行うことができるが、単純労務職員は審査請求を行うことができない。

3　審査請求の対象となる処分は、職員の意に反する不利益処分であり、職員がした申請に対する不作為も対象に含まれる。

4　任命権者は、職員に対し、懲戒その他その意に反すると認める不利益な処分を行う際、その職員に対し処分の内容を記載した書面を交付した上で、地方公務員法の規定に基づき、処分の事由を口頭で説明しなければならない。

5　不利益な処分があったことを知った日の翌日から起算して1カ月を経過

したとき、または、処分があった日の翌日から起算して３カ月を経過した
ときは審査請求をすることができず、不利益処分の取り消しの訴えを提起
することとなる。

解説21

1　**正しい。**
2　**誤り。** 条件付採用期間中の職員・臨時的任用職員・地方公営企業職員・
　単純労務職員は、審査請求を行うことができない。勤務条件に関する措置
　の要求と異なり、審査請求は条件付採用期間中の職員・臨時的任用職員も
　行うことができないことに注意。
3　**誤り。** 職員に対する不利益処分以外の処分や、職員がした申請に対する
　不作為は、対象とはならない。
4　**誤り。** 任命権者は、職員に対し、その意に反する不利益処分を行う場
　合、処分の事由を記載した説明書を交付しなければならないが、説明書を
　交付する際に口頭で説明することまでは求められていない。
5　**誤り。** 不利益な処分があったことを知った日の翌日から起算して３カ月
　を経過したとき、また、処分があった日の翌日から起算して１年を経過し
　たときは審査請求をすることができず、審査請求を行うことができる処分
　については、人事委員会・公平委員会の裁決を経た後でなければ、不利益
　処分の取り消しの訴えを提起することができない。

正答　1

問題22

地方公務員法に定める職員団体に関する記述として、妥当なの
はどれか。

1　職員団体は、職員がその勤務条件の維持改善を図ることを目的として組
　織する団体または連合体であるが、副次的に親睦団体として社交的、厚生
　的事業を目的とすることは禁止されていない。
2　管理若しくは監督の地位にある職員または機密の事務を取り扱う職員
　は、それ以外の一般職員と一体となって、同一の職員団体を結成する場
　合、人事委員会または公平委員会の承認が必要である。

3 警察職員及び消防職員は、職員の勤務条件の維持改善を図ることを目的
 とし、かつ、地方公共団体の当局と交渉する団体を結成し、若しくは、結
 成せず、またはこれに加入し、若しくは加入しないことができる。
4 職員団体は、正式任用された公務員で構成されている必要があり、臨時
 的任用職員や民間企業労働者を構成員に加えることはできない。
5 職員団体は、職員の勤務条件に関して、地方公共団体の当局と交渉し、
 労働協約を締結することができる。

解説22

1 **正しい。**主目的が職員の勤務条件の維持改善を図ることであれば、副次
 的に親睦団体として社交的、厚生的事業を目的としてもよい。
2 **誤り。**管理若しくは監督の地位にある職員または機密の事務を取り扱う
 職員は、それ以外の職員と同一の職員団体を組織することはできない。
3 **誤り。**警察職員及び消防職員は、このような職員団体を結成したり、こ
 れに加入することはできない。
4 **誤り。**臨時的任用職員も、職員団体を結成し、または職員団体に加入す
 ることはできる。また、職員が主体となって組織されていれば足り、民間
 企業労働者等職員以外の者が若干加入していても構わない。
5 **誤り。**職員団体は「団体協約」や「労働協約」を締結することはでき
 ず、法規範性のない「書面による協定」を締結することができるにとどま
 る。

正答 1

問題23 地方公務員法に定める在籍専従制度に関する記述として、妥当
なのはどれか。
1 任命権者は、職員が職員団体の役員として専ら従事することを許可する
 ことができ、特に職務の遂行に支障がない場合には、職員が役員以外の構
 成員として職員団体の業務に専ら従事することを許可することができる。
2 在籍専従職員は、職員としての身分を保有しているので、勤務条件に関
 する措置要求や不利益処分の審査請求を行うことができる。

3　職員団体の在籍専従の許可を受けた職員は、条例で特別の定めがあれ
　ば、給与を支給できる。
4　在籍専従の許可を受けた期間については、厚生年金及び退職手当の算定
　の基礎となる勤続期間に算入されない。
5　地方公営企業の職員は、7年間労働組合の役員として専ら従事したの
　ち、人事異動により知事部局の職員となった場合には、新たに職員団体の
　役員として専ら従事することができる。

解説23

1　**誤り**。在籍専従は、登録職員団体または労働組合の「役員」として専ら
　従事する場合に限られる。
2　**正しい**。
3　**誤り**。在籍専従職員は、いかなる場合も給与は支給されず、条例に基づ
　き支給することもできない。
4　**誤り**。退職手当の算定期間には算入されないが、厚生年金の算定期間に
　は算入される。
5　**誤り**。地方公共団体（知事部局・地方公営企業等）職員としての在職期
　間を通じて、7年の範囲内で人事委員会規則・公平委員会規則で定める期
　間（都においては7年）を超えることができない。

正答　2

問題24

次のA〜Eのうち、地方公務員法の罰則の適用があるものの組
み合わせとして、妥当なのはどれか。
A　職員が、職務上の秘密を任命権者の許可なく証人・鑑定人等として発表
　した場合
B　職員が、勤務条件に関する措置要求の申し出を故意に妨げた場合
C　職員が、任命権者の許可なく報酬を受けて事業・事務に従事した場合
D　職員が、政党その他の政治的団体の結成に関与した場合
E　職員が、法令や上司の職務上の命令に違反して職務を遂行した場合

1　A、B
2　B、C
3　B、D
4　C、D
5　D、E

解説24

Aには1年以下の懲役または50万円以下の罰金、Bには3年以下の懲役または100万円以下の罰金が科せられる。C、D、Eは、いずれも懲戒処分の対象にはなるが、罰則の適用はない。

正答　1

問題25　地方公務員の労働基本権に関する次の表のAからDに当てはまる職員区分の組み合わせとして、妥当なのは1〜5のうちどれか。

区分	団結権		団体交渉権	
	職員団体	労働組合		
（A）職員	○	○	職員団体 △	労働組合 ○
（B）職員	○		△	
（C）職員		○	○	
（D）職員	×	×	×	

○…制限なし　　△…一部制限　　×…禁止

	A	B	C	D
1	一般・教育	単純労務	警察・消防	公営企業
2	一般・教育	単純労務	公営企業	警察・消防
3	公営企業	単純労務	一般・教育	警察・消防
4	単純労務	一般・教育	公営企業	警察・消防
5	単純労務	公営企業	一般・教育	警察・消防

解説25

　以下から、正答は4となる。

・一般職員・教育職員は、職員団体を結成し、団体交渉を行うことができる。

・地方公営企業職員は、労働組合を結成し、団体交渉を行うことができる。

・警察職員・消防職員は、職員団体・労働組合のいずれも結成することができない。

・単純労務職員は、職員団体・労働組合どちらも結成でき、団体交渉を行うことができる。

正答　4

第5節 都政実務

　都政実務の出題は、近年13問であり、択一試験の中で最も大きな割合を占める科目です。この科目で確実に得点することが、合格への必須条件です。

　出題範囲は、内容の一部が地方自治制度や地方公務員制度と重複するなど広範囲にわたっており、学習には多くの時間と労力を必要とします。しかし、その内容はより実務に密接なものであり、日頃から都職員として理解しておくべき事柄ばかりです。

　都政実務は、出題傾向を把握して学習することで高得点を狙える科目です。過去の出題傾向をよく理解するとともに、日々の業務との関連を考えながら学習を進め、都職員としての基礎能力の向上につなげてください。

出題傾向

　過去10年間の出題分野は表のとおりです。平成29年度に出題構成が見直されましたが、引き続き同じ分野から繰り返し出題されていることが分かります。特に「人事」「文書」「財務」は例年出題数が多い主要分野ですので、重点的に学習しましょう。

　また、「組織広報その他」の分野では、「個人情報保護制度」「情報公開制度」が頻出であることに加え、令和5年度は「都政の構造改革（シン・トセイ）」に関する問題が出題されるなど、最新の都政の取り組みも把握した上で、効率よく学習を進めていきましょう。

　なお、令和6年度から教養択一が「基礎力確認テスト」に見直され、各分野の出題数の減少や都政事情が廃止される中で、都政実務は13問と従来通りとなっています。そのため、対策の仕方はAⅠ類事務・技術、AⅡ類の試験種別を問わず同じように考えてよいでしょう（AⅡ類は統計の知識に関する問題が、都政実務として出題される可能性あり）。

勉強の進め方

　都政実務の問題は『職員ハンドブック』から出題されますので、最新の職員ハンドブックを用意してください。

　一般的な勉強方法は、職員ハンドブックを分野ごとに切り分け、マーカーを引きながら読み込むというものです。時間に余裕があれば、職員ハンドブックを熟読することで、試験対策のみならず都職員として今後も活用できる知識を学ぶことができます。一方で、職員ハンドブックの情報量は膨大であるため、日々の業務が忙しく、土日や隙間時間などしか取れない人は、まずは実際に問題を解いてみることをお勧めします。試験では同じような問題が繰り返し出題されています。そのため、最初に過去問や問題集を確認し、問題のイメージや問われるポイントをつかむことが大事です。

　問題ごとに職員ハンドブックの該当部分を読み、正解だけでなく不正解の選択肢も何が間違っているのかを一つひとつ必ず確認してください。「問題を解く」→「職員ハンドブックを確認する」という流れを繰り返すことで、理解を深めていくことができます。試験範囲を網羅した問題集を1冊準備し、この流れを2～3回以上繰り返すことを目標としましょう。初めは正答数が少なくても大丈夫です。正誤の理由をしっかりと理解することで、回を重ねるごとに正答数が増えていくはずです。3回目以降は間違えた問題だけ繰り返し解く方法や、同期で問題を出し合うのも効率的な知識定着としてお勧めです。

　なお、職員ハンドブックには、根拠となる法律、条例、規則の条文が示されていますので、『都政六法』や『地方自治小六法』、インターネット等で条文を確認すると、一層理解が深まります。学習を進める中で、法律等の根拠を確認する習慣を身に付けることができれば、普段の業務にも生かすことができるでしょう。

　さらに、出題分野の関連項目の中では、直近の実績や取り組み状況が東京都ホームページに掲載されているものもあります。これらについても、その内容を確認し、最新の情報を得るようにしましょう。

過去10年の出題分野

	26年	27年	28年	29年	30年
都行財政	行政委員会 / 都財政（都税等）	都と特別区	区市町村の人口と面積	東京の歴史	都と特別区
人事	手当 / 旅費 / 公務災害補償 / 人事考課制度	給与 / 研修 / 休日休暇 / 汚職防止	一般職と特別職 / 勤務時間 / 厚生福利制度 / 人事考課制度	任用制度 / 手当 / 旅費 / 研修	公務災害補償 / 給与 / 勤務時間 / 介護休暇
文書	文書管理規則 / 印刷物規程・図書類規程	文書管理規則 / 用字・用語	事案決定 / 公印	文書の施行 / 文書等の整理・保存	事案決定 / 秘密文書
財務	収入 / 契約 / 債権	決算 / 支出 / 一般競争入札 / 物品	公会計制度 / 予算 / 契約 / 会計の検査、監督	特別会計 / 収入 / 契約 / 公有財産	行政財産 / 支出 / 決算 / 国庫支出金
組織広報	広報・広聴 / 組織形態	応対マナー	情報公開原則 / 組織形態	情報セキュリティ対策	都のIT基盤
その他	問題解決技法 / 情報セキュリティ	職場内コミュニケーション / PDCAサイクル / 都庁のIT化	問題解決技法・組織形態 / 都庁のIT化	広報・広聴	個人情報保護制度

	令和元年	2年	3年	4年	5年
都行財政	行政委員会 / 都財政（都税等）	都の組織	特別区	行政委員会	都の組織
人事	一般職と特別職 / 人事考課制度 / コンプライアンス	任用制度 / 手当 / 研修	給与 / 勤務時間 / 職員団体	特別職 / 休日休暇 / 旅費	人材育成 / コンプライアンス / 人事考課制度
文書	公印 / 文書の管理	起案・供覧 / 公文書の整理・保存	事案決定 / 公告	文書の施行 / 秘密文書	起案 / 印刷物規程・図書類規程
財務	一般競争入札 / 物品 / 債権	決算 / 収入 / 新公会計制度 / 債権	行政財産 / 予算 / 国庫支出金 / 会計の検査、監督	契約 / 支出 / 一般競争入札 / 物品	予算 / 収入 / 新公会計制度 / 契約の締結
組織広報	広報・広聴 / 組織形態	個人情報保護制度	情報公開制度 / 組織原則	広報・広聴 / 組織形態	個人情報保護制度
その他	問題解決技法 / 情報セキュリティ	問題解決技法 / 都庁のIT化	情報セキュリティ	都のIT基盤	問題解決技法 / 都政の構造改革

第2章 基礎力確認テスト

都の組織に関する記述として、妥当なのはどれか。

1　都議会には、総務委員会や議会運営委員会等、9つの常任委員会が置かれ、議員は、1年の任期でいずれか1つの常任委員会の委員となる。

2　知事は、都を統轄し都を代表する機関であり、執行機関として、自治事務及び機関委任事務を管理し及びこれを執行する。

3　都の地方公営企業局は、交通局、水道局及び下水道局であり、その管理者は業務執行に関して都を代表し、企業管理規程の制定、契約の締結等の権限を有する。

4　東京消防庁は、消防組織法に基づき、東京都全域の消防事務を処理し、東京消防庁の長である消防総監は知事により任命される。

5　行政委員会は、知事への権限の集中による弊害を防ぐため、知事から独立した機関とされており、当該行政委員会に係る予算の調製及び執行の権限を有する。

解説 1

1　**誤り**。常任委員会は、執行機関の組織に対応した9つの委員会が置かれていて、議会運営委員会は含まれない。1年の任期などは正しい（『職員ハンドブック2023』81〜82ページ）。

2　**誤り**。機関委任事務は、地方分権一括法により廃止され、自治事務と法定受託事務に再構成されている（『職員ハンドブック2023』57〜58ページ）。

3　**正しい**（『職員ハンドブック2023』80ページ）。

4　**誤り**。東京消防庁の管轄区域は特別区をはじめ、多摩地域29市町村の消防事務も委託を受けて処理しているが、東京都全域ではない（『職員ハンドブック2023』86ページ）。

5　**誤り**。行政委員会などにかかる予算の調製及び執行、議案の提出等の権限は、知事のみが行使する。ただし、都では予算の執行については、事務局の長等に補助執行させている（『職員ハンドブック2023』86ページ）。

正答　3

問題2 東京の歴史に関する記述として、妥当なのはどれか。

1 1893年に、現在の多摩全域が、主として水源確保との関連で神奈川県から東京府に編入された。

2 1898年に、市制特例が廃止され、東京市は一般市制へと転換したことにちなみ、現在11月1日が「都民の日」とされている。

3 1943年に、東京府と東京市を一体化した東京都制が施行され、都や区の自治権が広く認められることとなった。

4 1947年に、区は35区から22区に再編され、憲法及び自治法の施行に伴い、特別区は財産区として位置づけられた。

5 1975年に、区長公選制が廃止され、区議会が都知事の同意を得て区長を選任することとされたが、2000年には区長公選制が復活した。

解説2

1 **正しい**（『職員ハンドブック2023』77ページ）。

2 **誤り**。10月1日が「都民の日」と定められている（『職員ハンドブック2023』77ページ）。

3 **誤り**。戦時下における地方に対する国家統制強化の一環として都制が施行されたことから、その内容は著しく中央集権的で、区の自治権も極めて制限されていた（『職員ハンドブック2023』77ページ）。

4 **誤り**。特別区は特別地方公共団体として位置付けられた（『職員ハンドブック2023』77ページ）。

5 **誤り**。1952年に区長公選制が廃止され、区議会が都知事の同意を得て区長を選任することとされたが、1975年に区長公選制が復活した（『職員ハンドブック2023』77～78ページ）。

正答　1

問題3 「東京都職員人材育成基本方針」等に基づく職員の人材育成に関する記述として、妥当なものはどれか。

1 一般職に求められる能力については、職務遂行力、組織運営力及び課題

設定力の3つに整理されており、そのうち、主任においては、組織運営力がより重要になるとしている。

2　管理職に求められる能力については、階級が上がるにつれ、組織が向かうべき方針を実現する実行力が強く求められるとしている。

3　「東京都職員人材育成基本方針」では、職員が目指すべき到達目標を示しており、監督職においては「プロ職員としての資質に磨きをかける」とし、具体的には「国や民間団体と伍して政策論争でき、都庁内外に影響力のある人材」としている。

4　マネジメント・レビューは、対象者の職場における取組姿勢や行動について、部下や同僚など周囲からの声を、課長から監督職にフィードバックする仕組みである。

5　令和4年10月に策定された「東京都人事交流基本方針」においては、全ての職員が若手・中堅期に外部との交流を経験できるよう派遣者数を大幅に拡充するなど、人事交流を通じた職員の人材育成を推進することとしている。

解説**3**

1　**誤り**。課題設定力は、管理職に求められる能力である。主任においては、組織運営を支援する能力も重要になる（『職員ハンドブック2023』169～171ページ）。

2　**誤り**。管理職においては、職級が上がるにつれ、組織の向かうべき方針を立てる課題設定力が強く求められる。また、課題の実現に当たっては、組織を挙げて対応する場面が多くなることから、組織運営力がより求められる（『職員ハンドブック2023』169ページ）。

3　**誤り**。後半は、管理職に求められる具体的なイメージ。監督職においては、玄人としての卓越性を有し、部下職員や関係部署から頼りにされる人材。前半は正しい（『職員ハンドブック2023』171～172ページ）。

4　**誤り**。対象者の職場における取組姿勢や行動について部下や同僚など周囲からの声を、上司を通じてフィードバックする仕組みである（『職員ハンドブック2023』173～174ページ）。

5　**正しい**（『職員ハンドブック2023』199～202ページ）。

正答　5

問題 4 　都におけるコンプライアンスに関する記述として、妥当なのはどれか。

1　都は、コンプライアンスの推進に関し、令和5年度の全庁重点テーマとして「職場環境の変化に応じた確実な情報共有」を設定し、実行することで、都民サービスの向上につなげることを目指すとしている。

2　都は、服務規程の中でセクシュアル・ハラスメント、妊娠・出産・育児又は介護に関するハラスメント及びパワー・ハラスメントの禁止を明記し、これらのハラスメントの防止に積極的に取り組んでいる。

3　利害関係者とは、職員の職務に利害関係がある団体及び個人のことをいい、職員の異動前に利害関係者であった者は、異動後1年間を経過するまでは、当該職員の利害関係者とみなすこととされている。

4　都の退職管理制度において、職員は、退職後に営利企業等に再就職した元職員から法律で禁止される要求又は依頼を受けたときは、総務局コンプライアンス推進部にその旨を届け出なければならない。

5　都の公益通報制度では、都民は、都の事務又は事業に係る職員の行為について、法令違反や意見、要望がある場合、全庁窓口、各局窓口及び弁護士窓口に通報することができる。

解説 4

1　**誤り**。令和5年度の全庁重点テーマは、「効果的な情報発信」、「ルールの十分な理解と適正な業務執行」。設問中のテーマは、平成30年度から令和2年度までの3か年に取り組むものとして設定された（『職員ハンドブック2023』277ページ）。

2　**正しい**（『職員ハンドブック2023』285～286ページ）。

3　**誤り**。職員の異動前の利害関係者は、当該異動の日から起算して3年間は当該職員の利害関係者とみなすこととされている（『職員ハンドブック2023』287ページ）。

4　**誤り**。元職員から働きかけを受けた職員は、その旨を人事委員会に届け出なければならない（『職員ハンドブック2023』287ページ）。

5　**誤り**。都の公益通報は、都民だけでなく都職員等もすることができると

127

している（『職員ハンドブック2023』289ページ）。

正答　2

問題 5　　次のA〜Eのうち、地方公務員法に定める特別職に属する公務
員の組合せとして、妥当なのはどれか。

A　監査委員

B　地方公営企業の管理者

C　都立学校の教職員

D　東京消防庁職員

E　警視庁職員

1　A、B

2　A、C

3　B、D

4　C、E

5　D、E

解説 5

1　**正しい**（『職員ハンドブック2023』159〜160ページ）。

2　**誤り**。都立学校の教職員は一般職（『職員ハンドブック2023』160ページ）。

3　**誤り**。東京消防庁職員は一般職（『職員ハンドブック2023』160ページ）。

4　**誤り**。都立学校の教職員及び警視庁職員は一般職（『職員ハンドブック
　2023』160ページ）。

5　**誤り**。東京消防庁職員及び警視庁職員は一般職（『職員ハンドブック
　2023』160ページ）。

正答　1

問題 6　　都における職員の休日及び休暇等に関する記述として、妥当な
ものはどれか。

1 休日とは、労働基準法第35条の休日に当たるものであり、本来職員が勤務する義務を課せられていない日（正規の勤務時間を割り振られていない日）をいう。

2 病気休暇の期間は、療養のために勤務しないことがやむを得ないと認められる期間であり、1回につき引き続く30日間に限り給与の減額が免除される。

3 介護休暇は、職員が配偶者又は2親等以内の親族を介護する必要がある場合に取得できる休暇であり、被介護者との同居が取得の条件となっている。

4 育児時間は、職員が3歳に満たない子を養育するため、育児休業法で定める勤務形態に応じて、勤務する日及び時間帯を選択できる制度である。

5 配偶者同行休業は、職員が海外で勤務等をする配偶者と外国において生活を共にするため休業できる制度であり、休業の期間中は、給与は支給されない。

第2章 基礎力確認テスト

解説 6

1 **誤り**。設問は、週休日についての内容である。休日とは、特に勤務することを命ぜられる場合を除き、正規の勤務時間においても勤務することを要しない日をいう（『職員ハンドブック2023』252～253ページ）。

2 **誤り**。給与の減額を免除される期間は、1回につき引き続く90日までである（『職員ハンドブック2023』254～255ページ）。

3 **誤り**。介護休暇とは、職員の配偶者若しくはパートナーシップ関係の相手方若しくは2親等以内の親族又は同一の世帯に属する者の介護をするための休暇であり、被介護者は、必ずしも職員と同居していることを要しない。ただし、職員が実際に介護している者でなければならない（『職員ハンドブック2023』260ページ）。

4 **誤り**。育児時間は、生後1年3か月に達しない生児を育てる職員に対して、哺育のために勤務時間中に与えられる休暇である（『職員ハンドブック2023』256ページ）。

5 **正しい**（『職員ハンドブック2023』263ページ）。

正答 5

問題 7 　都における職員の旅費に関する記述として、妥当なのはどれか。

1 　旅費は、公務旅行中に必要とされる交通費、宿泊料等の費用に充てるため支給するもので、その性格は実費の弁償と解され、税法上非課税とされている。

2 　旅行は、出張、赴任及びその他の公務旅行に分類され、このうち旅費の支給対象となるのは、出張及び赴任に限られている。

3 　旅費の支給は、確定払が原則であり、多額の経費を要する旅行などにあっても、確定払によらなければならないとされている。

4 　旅行雑費は、旅行中の通信連絡費等の諸雑費に充てるため、引き続く5時間以上の近接地外旅行の場合に限り支給される。

5 　宿泊料は、原則として実費が支給されるが、職務の級及び用務地の地域区分に応じて支給額に上限が設けられている。

解説 7

1 　**正しい**（『職員ハンドブック2023』242ページ）。

2 　**誤り**。出張及び赴任に限られていない（『職員ハンドブック2023』242～243ページ）。

3 　**誤り**。多額の経費を要する旅行などにあっては概算払によることができる（『職員ハンドブック2023』243ページ）。

4 　**誤り**。公務上の必要によりやむを得ず負担した通話料金等の額が支給される。引き続く5時間以上の近接地外旅行の場合に限られていない（『職員ハンドブック2023』244ページ）。

5 　**誤り**。旅行中の宿泊費、朝・夕食代及びそれらに伴う諸雑費に充てるため、1夜について、職務の級及び用務地の地域区分により、定額が支給される（『職員ハンドブック2023』245ページ）。

正答　1

問題 8 　都の一般職の人事考課制度に関する記述として、妥当なのはどれか。

1　人事考課制度は、職員の業績、意欲、適性等を客観的かつ継続的に把握し、職員の能力開発、任用・給与制度、配置管理等へ反映させるもので、業績評価制度及び自己申告制度の2つから構成されている。

2　業績評価制度の被評定者は、条件付採用期間中の職員及び管理職候補者を除く監督職及び一般職であり、毎年度12月31日を評定基準日とし、前回の評定基準日の翌日又は採用の日から今回の評定基準日までを評定対象期間としている。

3　業績評価制度では、1年間の仕事の成果に着目して4段階の絶対評価により所属課長が第一次評定を行い、最終評定は、第一次評定を踏まえて5段階の相対評価により所属部長が行う。

4　自己申告制度は、人事異動に関する意見や職務上見られた優れた行動、現職場における有用な経験等を把握することにより、職員の配置管理や任用制度に活用するとともに、効果的な人材育成に資することを目的としている。

5　所属課長は、職員から提出された自己申告を基に面接を行い、十分な意見交換により職員の適性等を十分に踏まえた上で、職務に関する強み、今後伸ばすべき能力、評定結果等を人材情報に記入する。

解説 8

1　**誤り**。設問は業績評価制度の説明。自己申告制度は、自らの担当職務における課題を発見し、主体的な取組を行うことで効果的・効率的な職務遂行を図るとともに、職員と管理職とのコミュニケーションを活性化させ、きめ細かな人材育成と職員の意欲の向上を図ること（『職員ハンドブック2023』303～304ページ）。

2　**正しい**（『職員ハンドブック2023』303ページ）。

3　**誤り**。最終評定は、人事主管部長が行う（『職員ハンドブック2023』303ページ）。

4　**誤り**。設問は人材情報の説明（『職員ハンドブック2023』304～306ページ）。

5　**誤り**。評定結果は含まれない（『職員ハンドブック2023』307ページ）。

正答　2

第2章　基礎力確認テスト

　都職員の勤務時間等に関する記述として、妥当なのはどれか。

1　知事部局職員、企業職員及び教育職員の勤務時間については、職員の勤務時間、休日、休暇等に関する条例が適用され、労働基準法に定める勤務時間に関する基準は適用されない。

2　正規の勤務時間は、1週間につき38時間45分とされているが、病院など、職務の性質によりこれにより難い場合は、正規の勤務時間を別に定めることができる。

3　任命権者は、職員に対して超過勤務を命ずる場合、いかなる場合であっても、必ず事前に命じなければならない。

4　休憩時間は、勤務時間が6時間を超える場合は少なくとも45分、8時間を超える場合は1時間とされているが、この場合の勤務時間には超過勤務時間は含まない。

5　休憩時間は、自由に利用することまでは保障されておらず、必ず与えられなければならないものでもないが、これは休憩時間が職務に支障のない範囲で、軽い疲労の回復を目的として付与される性質を持つことが理由とされている。

解説**9**

1　**誤り**。都職員についても、労働基準法に定める勤務時間に関する基準は適用される（『職員ハンドブック2023』247〜248ページ）。

2　**正しい**（『職員ハンドブック2023』249ページ）。

3　**誤り**。任命権者は、原則として、職員に対して事前に超過勤務を命じ、事後に勤務の状況を確認しなければならない（『職員ハンドブック2023』251ページ）。

4　**誤り**。勤務時間とは、正規の勤務時間及び超過勤務時間である。前半は正しい（『職員ハンドブック2023』249ページ）。

5　**誤り**。休憩時間は、自由利用が原則である。ただし、事業所の規律保持上、必要な制限を加えることは、休憩の目的を損なわない限り差し支えない（『職員ハンドブック2023』252ページ）。

正答　2

問題10 都職員の給与に関する記述として、妥当なのはどれか。

1 給与とは、職員の勤務に対して支給される金品をいい、給料、手当のほか、旅費や共済制度に基づく給付も含まれる。

2 都職員には、時間外、休日及び深夜の割増賃金など労働基準法の賃金に関する規定は適用除外とされている。

3 行政職給料表（一）は、臨時的任用職員を除き、他の給料表の適用を受けないすべての職員に適用される。

4 給料の支給日は職員の給与に関する条例で毎月15日と定められており、給料は前月15日から当月14日までの期間につき支給される。

5 地域手当は、給料、給料の特別調整額及び扶養手当の月額の合計額に支給割合を乗じて得られた額であり、支給割合は職員の勤務地にかかわらず同一である。

解説10

1 **誤り**。実費の弁償としての旅費や、公務災害補償制度に基づく給付、共済制度に基づく給付などは、勤務に対する報酬ではないので給与には含まない（『職員ハンドブック2023』228ページ）。

2 **誤り**。労基法の規定は、国家公務員については適用されないが、地方公務員については特に明文をもって適用除外されているもののほかは全て適用されるため、都職員の時間外、休日及び深夜の割増賃金などにも適用される（『職員ハンドブック2023』229ページ）。

3 **正しい**（『職員ハンドブック2023』232ページ）。

4 **誤り**。給料は月の1日から末日までの期間につき、支給される（『職員ハンドブック2023』233ページ）。

5 **誤り**。地域手当の支給割合は、23区・都内市町村（島しょを除く）が20％、都外市町が12％など、地域ごとに定められている（『職員ハンドブック2023』235〜236ページ）。

正答 3

1 キャリア活用採用は、個々のキャリアや能力に着目した採用を目的として競争試験により行われ、1級職として採用された後、1年の期間を経て、主任級職選考を受験することなく、2級職又は3級職として任用される。

2 課長代理級職は、従来の係長級職と課長補佐級職を廃止し、新たな監督職として平成27年度から設置され、課長代理級職昇任選考は、任命権者が業績評価等に基づき実施する。

3 昇任選考に当たっては、地方公務員法では勤務評定の活用を促進するように規定されているが、都では、情実による登用を防止するため、管理職選考を除き、勤務評定を適任者の選抜に利用していない。

4 降任には、職員の意に反する降任と、意に反しない降任とがあり、前者は地方公務員法に定める分限事由に該当する場合に行われ、後者は幹部職員以外の一般職員のみを対象とした希望降任制度として実施されている。

5 都における職員の他団体への派遣には、地方自治法に基づく派遣、研修による派遣などがあり、全国知事会等の地方六団体や一般地方独立行政法人への派遣は、地方自治法に基づき行われる。

解説11

1 **誤り**。キャリア活用採用は競争試験ではなく選考で行われ、2級職又は3級職として採用される（『職員ハンドブック2023』208ページ）。

2 **正しい**（『職員ハンドブック2023』212～213ページ）。

3 **誤り**。主任級職選考（A）においても勤務評定を適任者の選抜に利用している（『職員ハンドブック2023』211～212ページ）。

4 **誤り**。希望降任制度は、一般職員だけでなく幹部職員についても実施されている。前半は正しい（『職員ハンドブック2023』218ページ）。

5 **誤り**。「公益的法人等への一般職の地方公務員の派遣等に関する法律」に基づき行われている（『職員ハンドブック2023』219ページ）。

正答 2

問題12　都における研修に関する記述として、妥当なのはどれか。

1　職員の研修は、地方公務員法上、人事委員会が行うものとされているが、都では、実務に即した研修を実施して職員の職務能率を効果的・効率的に向上させるため、人事委員会は、研修の実施を知事に委任している。

2　人事委員会は、任命権者に共通する都の研修基本方針を定め、同方針に沿って、知事部局では、総務局長が研修に関する基本計画及び中央研修に関する実施計画を、局の研修主管部長が局研修に関する実施計画を策定することとしている。

3　職場外研修とは、職場を離れた研修機関で集合的に学ぶ研修であり、職場では習得が難しい専門的・体系的な知識・技術と、相互啓発による多様な気付き・ヒントが得られる場である。

4　OJTとは、職場において、上司から仕事を通して職務に必要なノウハウ等を学ぶものであり、所属課長が定める育成計画により計画的に行うものの他、基礎勉強会が該当するが、若手職員による後輩職員の随時の指導は含まれない。

5　自己啓発とは、職員が「自ら育つ」意識を持って、勤務時間内に、自らの能力開発・向上を行う主体的取組であり、自己啓発に要する全ての費用は、職員自身が負担する必要がある。

解説12

1　**誤り**。地公法においては、職員の研修について「職員には、その勤務能率の発揮及び増進のために、研修を受ける機会が与えられなければならない」、「研修は、任命権者が行うものとする」と定められている（『職員ハンドブック2023』296ページ）。

2　**誤り**。知事部局では総務局長が研修に関する基本方針を策定し、総務局人事部長はその方針に沿って研修に関する基本計画及び中央研修に関する実施計画を、局の長は局研修に関する実施計画を策定することとしている（『職員ハンドブック2023』296ページ）。

3　**正しい**（『職員ハンドブック2023』298〜299ページ）。

4　**誤り**。若手職員も、後輩職員を指導したり、職場勉強会など相互啓発的

な活動に参加する等、OJTに積極的に取り組むことが期待される（『職員ハンドブック2023』299ページ）。

5　**誤り**。自己啓発支援制度により、費用面でのサポートが得られる自己啓発もある（『職員ハンドブック2023』299ページ）。

正答　**3**

問題13　都における文書の起案に関する記述として、妥当なのはどれか。

1　起案の原則は、起案用紙に事案の内容その他所要事項を記載し、その起案者欄に署名し、または押印することにより行う書面起案方式である。

2　収受文書に基づいて起案する場合で、主務課長が認めたときは、当該収受文書の余白を利用して起案を行うことができる。

3　定例的に取り扱う事案に係る起案については、特例起案帳票を用いることができたが、電子決定を徹底するため、特例起案帳票は廃止された。

4　重要な事案の決定に当たっては、会議や説明を行った際の議事要旨及びその際に使用された資料など、経過等を明らかにする文書を作成しなければならない。

5　起案文書の回付における審議は、いかなる場合であっても、協議の後に行うこととされており、知事決定事案における関連副知事の審議は知事の決定の直前に行う。

解説13

1　**誤り**。起案の原則は、起案をする者が、文書総合管理システムに事案の内容その他所要事項を入力し、起案した旨を電磁的に表示し、記録する「電子起案方式」である。（『職員ハンドブック2023』353ページ）。

2　**誤り**。収受文書に基づいて起案する場合で、当該事案の内容が軽易なものであるときは、当該収受文書の余白を利用して起案を行うことができる（『職員ハンドブック2023』354ページ）。

3　**誤り**。特例起案帳票は廃止されていない。定例的に取り扱う事案に係る起案であって、特例起案帳票を用いて起案を行うことが合理的と認められるものについては、起案用紙に代えて特例起案帳票を用いることができる

（『職員ハンドブック2023』354ページ）。

4　**正しい**（『職員ハンドブック2023』362ページ）。

5　**誤り**。審議は、協議に先立って行う。後半は正しい（『職員ハンドブック2023』363ページ）。

正答　4

問題14　東京都印刷物取扱規程又は東京都図書類取扱規程に関する記述として、妥当なのはどれか。ただし、局又は所の庶務主管課長は、総務局にあっては総務局総務部文書課長のことをいう。

1　東京都印刷物取扱規程における印刷物は、書籍、ポスター、リーフレット等、電磁的記録媒体を除いた一切の印刷物をいう。

2　印刷物を作成しようとするときは、印刷物作成の主管課長は、軽易な印刷物については局又は所の庶務主管課長に、重要な印刷物については総務局総務部文書課長に協議しなければならない。

3　印刷物作成の主管課長は、印刷物作成後直ちに1部を総務局総務部情報公開課に送付しなければならない。

4　購入した図書類は、局又は所の庶務主管課長が整理保管を行わなくてはならない。

5　図書類を廃棄しようとするときは、図書類を管理する課長は、局又は所の庶務主管課長に協議しなければならない。

解説14

1　**誤り**。印刷物とは、書籍、ポスター、リーフレット、写真、スライド、映画フィルム、ビデオテープ、CD-ROM等の電磁的記録媒体その他一切の印刷物をいう（『職員ハンドブック2023』376ページ）。

2　**正しい**（『職員ハンドブック2023』376ページ）。

3　**誤り**。印刷物作成の主管課長は、印刷物作成後直ちに1部を文書課長に送付しなければならない。また、主要刊行物等については、総務局総務部情報公開課等へ配布しなければならない（『職員ハンドブック2023』377ページ）。

4 **誤り。**局又は所の庶務主管課長ではなく、文書主任又は文書取扱主任が整理保管を行う（『職員ハンドブック2023』378ページ）。

5 **誤り。**図書類を管理する課長は、保管の必要がなくなった図書類があれば、廃棄する。高額図書類を廃棄する場合は、高額図書類登録台帳の備考欄に廃棄年月日及び確認者名を記載する（『職員ハンドブック2023』378ページ）。

正答　2

問題15　都における文書の管理に関する記述として、妥当なのはどれか。

1 文書管理には、集中的管理方式と分散的集中管理方式とがあり、都では集中的管理方式をとっている。

2 文書管理の対象は起案文書であり、起案文書以外の文書は文書管理の対象とはならない。

3 1年保存文書は、保存期間が1年未満の文書であり、文書登録した年度の末日までに廃棄しなければならない。

4 ファイル責任者は、所属する課における文書管理の担当者として事務に従事するものであり、文書主任及び文書取扱主任と同様に、局長が任命する。

5 文書管理基準表は、文書の分類記号、保存期間及び事案決定区分とを一表にまとめたものであり、主務課において作成する。

解説15

1 **誤り。**都では、分散的集中管理方式が採られ、総務局総務部文書課が全庁的な文書事務の管理部門として、文書事務全般の企画・統制及び文書総合管理システム全体の管理を行い、各局の文書主管課が各局の文書事務の管理を行っている（『職員ハンドブック2023』346ページ）。

2 **誤り。**起案文書だけでなく、供覧文書・収受文書・資料文書も文書管理の対象とされている（『職員ハンドブック2023』347〜348ページ）。

3 **誤り。**1年保存文書は、保存期間が1年の文書であり、文書登録した年度の翌年度の末日をもって保存期間が満了する。保存期間満了後は速やか

に廃棄しなければならない（『職員ハンドブック2023』371～373ページ）。

4 **誤り**。各課における文書管理の担当者として、課長は、その課の文書事務に従事する職員のうちから、ファイル責任者を1人指名する（『職員ハンドブック2023』346ページ）。

5 **正しい**（『職員ハンドブック2023』350ページ）。

正答 **5**

問題16 都における公印に関する記述として、妥当なのはどれか。

1 公印の押印を受けようとするときは、公印使用簿に必要な事項を記入し、押印しようとする文書等に決定済みの起案文書を添え、公印管理者又は公印取扱主任の照合を受ける。

2 対内文書については公印を省略することができるが、対外文書については、法律効果を伴わない単なる事実の通知、照会、回答等の軽易な文書であっても公印を省略できない。

3 公印の取り扱いについては東京都公文書の管理に関する条例の定めるところにより、慎重に行い、事故を起こすことのないよう注意しなければならない。

4 定例的かつ定型的な文書等で、公印を押印すべきものについては、文書主任が適当と認めたときは、その公印の印影を当該文書等に刷り込むことができる。

5 契印は、施行文書が決定済みの起案文書と照合され、発信されたことを認証するための公印をいう。

解説16

1 **正しい**（『職員ハンドブック2023』367ページ）。

2 **誤り**。対外文書であっても都の機関、国、地方公共団体、都が設立した地方独立行政法人、公文書管理条例第16条第1項に規定する出資等法人等に対し発信するもの又は法律効果を伴わない単なる事実の通知、照会、回答等の軽易なもの等については、公印を省略することができる。前半は正しい（『職員ハンドブック2023』367～368ページ）。

3 **誤り。**公印の取り扱いについては東京都公印規程等の定めるところによる（『職員ハンドブック2023』367ページ）。

4 **誤り。**定例的かつ定型的で一時に多数印刷する文書等のうち、公印を押印すべきものについて、公印管理者が適当と認めたときは、その公印の印影を当該文書等に刷り込むことにより公印の押印に代えることができる（『職員ハンドブック2023』368ページ）。

5 **誤り。**設問は割印の説明。契印とは、権利の得喪に関する文書その他特に重要な文書について、抜取りや差し替えを防止し、正しく連続していることを認証するための公印をいう（『職員ハンドブック2023』368ページ）。

正答　1

問題17　都の予算の内容に関する記述として、妥当なのはどれか。

1　予算は、一般会計と特別会計に区分され、特別会計は地方公営企業法等、特別法に定めのあるものを含め、全て条例により設置しなければならない。

2　本予算が当該年度の開始前に成立しない場合は、本予算が成立するまでの間、義務的・経常的経費を主体とした骨格予算を編成して予算措置を行う。

3　予算は、歳入歳出予算、継続費等、七つで構成され、工期が2か年度以上にわたる工事請負契約の予算については、継続費として定めなければならない。

4　地方公共団体は、総務大臣の許可を得て地方債を起こすことができるが、起債事業は、公営企業の経費や公共施設等の建設事業費等、5種類とされている。

5　歳入歳出予算は、款・項・目・節に区分されており、都では、予算統制を強化するため、節を更に細分して細節を置き、節と同様の取扱いをしている。

解説17

1 **誤り。**特別会計は、法律に根拠を有する場合には条例を必要としない

（『職員ハンドブック2023』388ページ）。

2　**誤り**。本予算が、当該年度の開始前に成立しない場合は、本予算が成立するまでの間、必要に応じて暫定予算を作成する。暫定予算は、本予算成立までの「つなぎ予算」として調製される（『職員ハンドブック2023』390ページ）。

3　**誤り**。工期や納期が2か年度以上にわたる工事請負契約などを行う場合、予算で債務負担行為として定めておかなければならない。なお、都では現在継続費を設定していない（『職員ハンドブック2023』391ページ）。

4　**誤り**。平成17年度までは総務大臣の許可を要することとなっていたが、平成18年度以降は、事前に総務大臣に協議をすることにより、起債が可能な協議制度となった。平成24年度より、財政状況について一定の基準を満たす地方公共団体については、原則として、民間等資金債の起債に係る協議を不要とし、事前に届け出ることで起債ができる届出制度が導入された。5種類については正しい（『職員ハンドブック2023』391～392ページ）。

5　**正しい**（『職員ハンドブック2023』392～394ページ）。

正答　5

問題18　都の決算に関する記述として、妥当などれか。

1　各局長は、毎会計年度、その主管に属する局別科目別決算資料（歳入・歳出）を作成して、翌年度の7月20日までに知事に提出しなければならない。

2　決算の附属資料のうち、「財産に関する調書」とは、歳入歳出差引額から翌年度へ繰り越すべき財源を差し引いた、当該会計年度における実質収支額であり、決算上の実質的な剰余金を表すものである。

3　議会の決算審議は、決算特別委員会によって行われるが、決算審議の期間については、地方自治法で3か月以内と定められており、都においては第3回定例会にて議決している。

4　知事は、決算の認定に関する議決が否定された場合、当該議決を踏まえて必要と認める措置を講じたときは、その内容を議会へ報告する必要はない。

5　公営企業の決算は、管理者が毎事業年度終了後、2か月以内に調製し、証書類、当該年度の事業報告書等と併せて、知事に提出しなければならない。

解説18

1　**誤り**。翌年度の6月20日までに会計管理者に送付しなければならない（『職員ハンドブック2023』400～401ページ）。

2　**誤り**。設問は実質収支に関する調書の説明である。財産に関する調書は、当該年度末における地方公共団体の財産の状態を示す調書である（『職員ハンドブック2023』401ページ）。

3　**誤り**。決算審議の期間については、現行制度上特に定めがない。都においては、決算の認定を第3回定例会に付し、第4回定例会にて議決している（『職員ハンドブック2023』402ページ）。

4　**誤り**。決算の認定に関する議案が否決された場合において、当該議決を踏まえて必要と認める措置を講じたときは、その内容を議会に報告するとともに、これを公表しなければならない（『職員ハンドブック2023』402ページ）。

5　**正しい**（『職員ハンドブック2023』402ページ）。

正答　5

問題19　都における債権に関する記述として、妥当なのはどれか。

1　都では東京都会計事務規則で、公債権を地方自治法に規定する分担金、使用料などの歳入に係る債権及び地方税法に規定する都税に係る債権と規定している。

2　分担金、使用料などを納期限までに納付しない者がある場合、知事が期限を指定して納入義務者に督促することは必要とせず、都の条例に基づき直ちに裁判上の手続きを経て、納入義務者の財産を差し押さえなければならない。

3　都が有する分担金、使用料、手数料に係る金銭債権は、この権利を5年間行使しないときは、時効により消滅する。

4 都に対する金銭債権を時効により消滅させるためには、私法上の金銭債権の場合は時効の援用を必要としないが、公法上の金銭債権の場合は時効の援用を必要とする。

5 法令の規定により都が行う納入の通知及び督促は、裁判上の請求でないため、時効中断の効力を有しない。

▶解説19

1 **誤り**。公債権について規定するのは、東京都会計事務規則ではなく東京都債権管理条例である（『職員ハンドブック2023』455ページ）。

2 **誤り**。期限を指定して督促しなければならない。この場合においては、東京都分担金等に係る督促及び滞納処分並びに延滞金に関する条例の定めるところにより、延滞金を徴収する（『職員ハンドブック2023』455ページ）。

3 **正しい**（『職員ハンドブック2023』457〜458ページ）。

4 **誤り**。公法上の金銭債権は時効の援用を要しないが、私法上の金銭債権は時効の援用を要する（『職員ハンドブック2023』458ページ）。

5 **誤り**。法令の規定により地方公共団体がする納入の通知及び督促は、民法第153条（前段において準用する場合を含む。）の規定にかかわらず、時効更新の効力を有する（『職員ハンドブック2023』458ページ）。

正答　3

▶問題20 国庫支出金に関する記述として、妥当なのはどれか。

1 国庫支出金は、国から地方公共団体に対して交付される資金のことであり、特段の事情がある場合には、経費の使途を特定せずに交付することができる。

2 国庫支出金は、国庫負担金、国庫委託金、国庫補助金の3つに分類されるが、このうち、国が経費の全額負担を義務付けられているのは国庫補助金である。

3 国庫負担金とは、国会議員の選挙など国の仕事を地方公共団体が代行する場合に、経費の全額を国が負担する国庫支出金をいう。

4 　国庫委託金とは、義務教育など国と地方公共団体相互の利害に関係のある事務について、国が全部又は一部を負担する国庫支出金をいう。

5 　国庫補助金とは、国が地方公共団体に対して行う、仕事の奨励や財政援助のための給付金をいう。

解説20

1 　**誤り**。地方交付税とは異なり、国庫支出金は経費の使途を特定して交付されるものである（『職員ハンドブック2023』111〜112ページ）。

2 　**誤り**。国が経費の全額負担を義務付けられているのは国庫委託金である（『職員ハンドブック2023』136ページ）。

3 　**誤り**。設問は国庫委託金に関する説明である（『職員ハンドブック2023』136ページ）。

4 　**誤り**。設問は国庫負担金に関する説明である（『職員ハンドブック2023』136ページ）。

5 　**正しい**（『職員ハンドブック2023』136ページ）。

正答　5

問題21

都における財産に関する記述として、妥当なのはどれか。

1 　地方自治法上の財産は、公有財産、物品、債権、基金及び歳計現金とされており、それぞれ管理の方法が異なっている。

2 　港湾事業や中央卸売市場事業をはじめ、専任の管理者が置かれない地方公営企業における財産の取得、管理及び処分の権限は、知事が有している。

3 　一般会計における普通財産の管理は、株式や国債等の有価証券については財務局長が行い、その他の普通財産は各局の長が行う。

4 　行政財産は、原則としてこれを貸し付け、交換し、売り払い、譲渡することができないが、私権の設定をすることは認められている。

5 　都が事務事業で使用する物品は、東京都物品管理規則で備品、消耗品及び材料品に区分されており、動物は物品に含まれないとされている。

解説21

1 **誤り**。地方自治法上の財産は、公有財産・物品・債権・基金の4種類である（『職員ハンドブック2023』441ページ）。

2 **正しい**（『職員ハンドブック2023』444～445ページ）。

3 **誤り**。普通財産の管理は原則として財務局長が行い、知的財産権や有価証券などは当該局の長が管理する（『職員ハンドブック2023』445ページ）。

4 **誤り**。行政財産は、地方自治法第238条の4第2項各号に該当する場合には、その行政財産の用途又は目的を妨げない限度で貸し付け、又は私権を設定することができる（『職員ハンドブック2023』447ページ）。

5 **誤り**。物品は備品、消耗品、材料品、動物、不用品、借用動産に区分されている（『職員ハンドブック2023』452ページ）。

正答　2

問題22

都における会計の検査、監督に関する記述として、妥当なのはどれか。

1 会計の監督権は、普通地方公共団体の長が有しているため、会計事務の指導統括に関する事務は原則として財務局長が行っているが、会計事務の指導統括に関する事務のうち現金の出納に関しては、会計管理者が行っている。

2 局長は、当該局及び所管に属する所の特別出納員、金銭出納員等の取扱いに係る現金その他の会計事務について、毎月1回以上所属職員の中から検査員を命じて検査をさせなければならない。

3 会計管理者は、所属職員の中から検査員を命じ、自己検査の対象となる会計職員の会計事務について、直接検査をすることができるが、関係人に対する照会その他実地に調査を行うことはできない。

4 会計管理者が行う直接検査には、局及び所の特別出納員、資金前渡受者等の事務を対象に原則として2年ごとに実施する定期検査と、定期検査の結果を受け改めて検査の必要があるときに実施する臨時検査の2つがある。

5 会計管理者、金銭出納員、現金取扱員及び資金前渡受者は、その保管している現金、有価証券等について、亡失又は損傷があったときは、直ちに

亡失損傷報告書を作成した上で、局長に提出しなければならない。

解説22

1　**誤り**。会計事務の指導統括に関する事務は、財務局長ではなく、会計管理者が行うことになっている（『職員ハンドブック2023』417ページ）。
2　**誤り**。毎年度1回以上所属職員のうちから検査員を命じて検査をさせなければならない（『職員ハンドブック2023』417ページ）。
3　**誤り**。特に必要があると認めるときは、関係人に対する照会その他実地に調査をすることができる（『職員ハンドブック2023』417ページ）。
4　**誤り**。定期検査の結果を受け改めて検査の必要があると認める場合に実施するのは、再検査である（『職員ハンドブック2023』417〜418ページ）。
5　**正しい**（『職員ハンドブック2023』418ページ）。

正答　5

問題23　都における公有財産に関する記述として、妥当なのはどれか。

1　公有財産とは、普通地方公共団体の所有に属する財産のうち、地方自治法に列挙されているものをいい、公有財産の例として、不動産、航空機、占有権、賃借権が挙げられる。
2　都において、将来、都民の一般的な利用に供することを決定した公園敷地の予定地は、公有財産のうち行政財産に当たる。
3　都の水道局又は議会局が公有財産を取得しようとするときは、あらかじめ知事に協議をする必要がある。
4　都では、公有財産の管理及び処分の適正を図り、併せてその効率的運用を行うために、条例に基づき、東京都財産管理委員会を設置している。
5　行政財産は、その用途又は目的を妨げない限度においてその使用を許可することができるが、使用の許可を受けた者は使用料を納付しなければならず、また、都では使用許可の期間を原則として3年以内に限っている。

解説23

1 **誤り**。不動産・航空機は公有財産に含まれるが、占有権・賃借権は公有財産に含まれない（『職員ハンドブック2023』441〜443ページ）。

2 **正しい**（『職員ハンドブック2023』443ページ）。

3 **誤り**。地方公営企業管理者が公有財産を取得しようとするときは、知事への協議は不要である（『職員ハンドブック2023』444ページ）。

4 **誤り**。東京都財産管理委員会ではなく、東京都公有財産管理運用委員会を設置している（『職員ハンドブック2023』445〜446ページ）。

5 **誤り**。行政財産の使用許可の期間は、原則として1年以内に限られている（『職員ハンドブック2023』447ページ）。

正答　2

問題24

都における一般競争入札に関する記述として、妥当なのはどれか。

1 一般競争入札は、契約締結の方法の一つであり、政令で定める場合に該当するときに限り、これによることができる。

2 予定価格は、原則として総価をもって定めなければならないが、一定期間継続してする製造や修理等の契約の場合は単価によって定めることができる。

3 公共工事における入札・契約手続の透明性のより一層の向上を図るため、全ての工事の請負契約について、予定価格を公表している。

4 入札者は、その提出した入札書の撤回をすることはできないが、開札前であれば、提出した入札書の書換えや引換えをすることはできる。

5 落札となるべき同価の入札をした者が二人以上あるときは、価格以外の条件を総合的に判断し最も有利なものをもって申込みをした者を落札者に決定する。

解説24

1 **誤り**。一般競争入札とは、契約締結に必要な条件を一般に公告し、不特

定多数の者を誘引し、入札によって申込みをさせる方法により競争を行わせ、そのうち、最も有利な条件を提示した入札者と契約を締結する方法である。政令で定める場合に該当するときに限るものではない（『職員ハンドブック2023』426ページ）。

2　**正しい**（『職員ハンドブック2023』429ページ）。

3　**誤り。**予定価格を公表しているのは、250万円を超える工事又は製造の請負契約である（『職員ハンドブック2023』429ページ）。

4　**誤り。**入札者は、その提出した入札書の書換え、引換え、撤回をすることができない（『職員ハンドブック2023』429～430ページ）。

5　**誤り。**落札となるべき同価の入札をした者が二人以上あるときは、直ちに、当該入札者のくじ引きにより落札者を決定する（『職員ハンドブック2023』430ページ）。

正答　2

問題25　都における支出の事務に関する記述として、妥当なのはどれか。

1　収支命令者は、会計管理者に対して支出命令を発しようとするときは、これら支出の内容が法令又は契約に違反する事実がないかを調査し、内訳を明示した請求書又は支払額調書を支出命令書に添付しなければならない。

2　会計管理者は、長の支出命令を受けた場合を除いて、当該支出負担行為が法令又は予算に違反していないこと及び当該支出負担行為に係る債務が確定していることを確認した上でなければ、支出をすることができない。

3　会計管理者は、支出命令書を審査し、その内容が適正であることを確認したときは、債権者から請求書に押してある印と同一の印のある領収書を徴するとともに、小切手を作成して債権者に交付することとなっており、現金で支払を行うことはない。

4　資金前渡とは、特定の経費について、普通地方公共団体の職員に概括的に資金を交付して現金支払をさせる制度であり、事務の効率化の観点から、資金前渡をすることができる経費の範囲は広く認められている。

5　前金払とは、その支払うべき債務金額の確定前に概算額をもって支出することをいい、その要件は、債務は発生しているが、債務金額が確定していないことである。

解説25

1　**正しい**（『職員ハンドブック2023』412ページ）。

2　**誤り**。長の支出命令を受けた場合においても、支出負担行為が法令又は予算に違反していないか等について確認をした上でなければ、支出をすることができない（『職員ハンドブック2023』412ページ）。

3　**誤り**。債権者から申出があるときは、指定金融機関に支払通知書を交付して、債権者に現金で支払をさせることができる（『職員ハンドブック2023』413ページ）。

4　**誤り**。資金前渡をすることができる経費の範囲は、場所的関係、経費の性質等から一般的な支出の方法によっては事務の取扱いに支障を及ぼすような経費に限定されるべきである（『職員ハンドブック2023』414ページ）。

5　**誤り**。選択肢の内容は前金払ではなく、概算払の説明である（『職員ハンドブック2023』414ページ）。

正答　1

問題26　都の契約の履行に関する記述として、妥当なのはどれか。

1　部分払とは、工事若しくは製造その他についての請負契約に係る既済部分又は物件の買入契約に係る既納部分に対し、その代価の一部を支払うことをいう。

2　工事又は製造その他についての請負契約における部分払の限度は、既済部分の10分の7以内である。

3　前金払をした土木工事、建築工事及び設備工事については、契約金額が36億円以上の場合、契約金額の2割以内について、中間前金払をすることができる。

4　監督とは、相手方から受領した給付が適正に履行されたか否かを確認する行為であり、履行完了後、契約書及び仕様書等に基づいて行わなければならない。

5　検査とは、契約の適正な履行を図るための手段であり、契約の履行過程において、立会いや指示等の方法によって行わなければならない。

1　**正しい**（『職員ハンドブック2023』438ページ）。

2　**誤り**。工事又は製造その他についての請負契約における部分払の限度は、既済部分の10分の9以内である（『職員ハンドブック2023』438ページ）。

3　**誤り**。前金払をした土木工事、建築工事及び設備工事については、①契約金額が36億円未満の場合、契約金額の2割を超えない額（1億8千万円を限度とする。）、②契約金額が36億円以上の場合、契約金額の5分を超えない額について中間前金払をすることができる（『職員ハンドブック2023』438ページ）。

4　**誤り**。契約の適正な履行を確保するため又はその受ける給付の完了の確認をするため、必要な監督又は検査をしなければならない。監督は、立会い、指示その他の方法によって行わなければならない（『職員ハンドブック2023』438ページ）。

5　**誤り**。検査は契約書、仕様書及び設計書その他の関係書類に基づいて行わなければならない（『職員ハンドブック2023』438ページ）。

正答　1

問題27　都における情報公開制度に関する記述として、妥当なのはどれか。

1　公文書の開示を行う実施機関は、知事、行政委員会及び公営企業管理者と定められており、警視総監及び都が設立した地方独立行政法人は実施機関には含まれない。

2　東京都情報公開条例では、開示の対象となる公文書は、実施機関の職員が職務上作成し、又は取得した文書、フィルム又は電磁的記録と定めており、図画や写真は開示の対象となる公文書には含まれない。

3　東京都情報公開条例では、公文書の開示を請求できるものは、都の区域内に住所を有する者と定めており、都の区域内の事務所に勤務する者であっても、都の区域外に住所を有する者は公文書の開示を請求できない。

4　開示請求に対し、当該開示請求に係る公文書が存在しているか否かを答

えるだけで、不開示情報を開示することとなるときは、実施機関は、当該
公文書の存否を明らかにしないで、当該開示請求を拒否することができる。

5　開示請求された公文書に都以外のものの情報が記録されている場合、こ
れら都以外のものは、当該請求に関して実施機関が行う開示・非開示につ
いての同意権を有している。

解説27

1　**誤り**。公文書の開示等を実施する機関は、地方自治法及び地方公営企業
法等により、独立して事務を管理し、執行する知事、教育委員会などをは
じめ、警視総監及び消防総監並びに都が設立した地方独立行政法人である
（『職員ハンドブック2023』487ページ）。

2　**誤り**。図画や写真も開示対象となる（『職員ハンドブック2023』487〜
488ページ）。

3　**誤り**。何人も、実施機関に対して公文書の開示を請求することができる
（『職員ハンドブック2023』488ページ）。

4　**正しい**（『職員ハンドブック2023』490ページ）。

5　**誤り**。都以外のものに対して、開示決定等についての同意権は有してい
ない（『職員ハンドブック2023』492〜493ページ）。

正答　4

問題28

都における情報セキュリティ対策に関する記述として、妥当な
のはどれか。

1　東京都サイバーセキュリティポリシーとは、東京都サイバーセキュリティ
基本方針、東京都サイバーセキュリティ対策基準の総称をいう。

2　東京都サイバーセキュリティポリシーは、都の常勤職員を対象としたも
のであり、非常勤職員及び臨時職員は適用除外とされている。

3　東京都サイバーセキュリティポリシーは、都の業務を受託する事業者に
は適用されず、都は当該事業者に情報セキュリティに関する自主的な取組
を促すにとどまっている。

4　東京都サイバーセキュリティポリシーでは、情報セキュリティの監査に

ついての規定はないが、各局は、情報セキュリティについて随時自己検査を行わなければならないとしている。

5 東京都サイバーセキュリティポリシーでは、TAIMSの情報セキュリティ対策に関する規定も設けられているため、これまでの東京都高度情報化推進システム要綱は廃止された。

解説28

1 **正しい**（『職員ハンドブック2023』514ページ）。

2 **誤り**。東京都サイバーセキュリティポリシーは、非常勤職員及び臨時職員にも適用される。

3 **誤り**。東京都サイバーセキュリティポリシーは、都の業務を受託する事業者にも適用される。

4 **誤り**。情報セキュリティの監査や評価、情報セキュリティ教育の充実についても規定されている。

5 **誤り**。東京都サイバーセキュリティポリシーでは、TAIMSの情報セキュリティ対策に関する規定も設けられているが、東京都高度情報化推進システム要綱も引き続き存続している。

正答　1

問題29 組織原則に関する記述として、妥当なのはどれか。

1 命令一元性の原則は、命令は、一人の上司から行われなければならないとする原則である。

2 権限委譲の原則は、権限と責任は常につり合いが保たれていなければならないとする原則である。

3 権限と責任の原則は、組織の各階層に適切に権限が配分されなければならないとする原則である。

4 監督範囲適正化の原則は、一人の上司が直接監督する部下の数に制限はないとする原則である。

5 階層短縮平準化の原則は、管理階層は短縮すべきではなく、平準であることが望ましいとする原則である。

解説29

1　**正しい**（『職員ハンドブック2023』524ページ）。

2　**誤り**。権限委譲の原則は、組織の各階層に適切に権限が配分されなければならないとする原則である（『職員ハンドブック2023』524ページ）。

3　**誤り**。権限と責任の原則は、権限と責任は常に釣合いが保たれていなければならないとする原則である（『職員ハンドブック2023』524ページ）。

4　**誤り**。監督範囲適正化の原則（スパン・オブ・コントロール）は、一人の上司が直接、指揮・監督する部下の人数は制限されなければならないとする原則である（『職員ハンドブック2023』524～525ページ）。

5　**誤り**。階層短縮平準化の原則は、管理階層はできるだけ短く、また平準であることが望ましいとする原則である（『職員ハンドブック2023』525ページ）。

正答　1

問題30　都政の構造改革（シン・トセイ）の主な取組に関する記述として、妥当なのはどれか。

1　令和3年4月に施行された東京デジタルファースト条例の中で、全ての職員が遵守すべき基本的な理念を示した行動規範として、デジタル10か条を定めている。

2　行政サービスの更なるQOS向上のため、東京デジタルファースト推進計画を令和3年7月に策定し、内部手続を除く都の機関等に係る全手続を対象に、令和5年度末までに70％の手続をオンライン化することを目標としている。

3　未来型オフィスは、デスク、固定電話、紙などに制限されない柔軟で自由に働けるオフィスであり、令和7年度までに都庁本庁舎の全職場及び全事業所を未来型オフィスに転換するよう整備を進めている。

4　令和4年度中にダッシュボードやチャットGPTを導入するなど、令和7年度のデジタルガバナント・都庁の基盤構築の完遂に向けた取組を進めている。

5　シン・トセイ職員専用ポータルに職員目安箱やSHIN-QAを設置し、職

層や所属を越えてアイデアが飛び交うオープン＆フラットな組織づくりを
図っている。

解説30

1　**誤り**。全庁を挙げて都政のDXを進めるに当たり、都民誰もが"使いや
すく、満足度の高い"質の高いデジタルサービスの提供を目指すため、令
和4年3月にデジタルサービスに携わる全ての職員等が遵守すべき基本的
なバリュー等を規定する「東京都デジタルサービスの開発・運用に係る行
動指針」を策定した。行動指針は、デジタルサービスに携わる全ての職員
が遵守すべき基本的な理念を示した「デジタル10か条」と、その実践に
当たって必要な基準を機能別に規定した「機能別技術ガイドライン」から
構成される（『職員ハンドブック2023』507ページ）。

2　**正しい**（『職員ハンドブック2023』508〜509ページ）。

3　**誤り**。都庁本庁舎の全ての職場は未来型オフィスに生まれ変わり、全て
の事業所でデジタルツールを活用した業務改革にチャレンジする取組が実
践される予定である（『職員ハンドブック2023』510ページ）。

4　**誤り**。令和3年度までに、ダッシュボード、チャットボットなどを導入
し、活用している。また、令和4年度には、ご意見・お問合せフォーム、
AI議事録作成支援ツールを導入するなど、各局共通で利用可能なデジタ
ルツール・プラットフォームの整備・利用拡大を図っている（『職員ハン
ドブック2023』511ページ）。

5　**誤り**。「シン・トセイ職員専用ポータルサイト」上に「デジタル提案箱
＋（プラス）」、「SHIN-QA（シンカ）」を設置している。職員目安箱は設
置されていない（『職員ハンドブック2023』512〜513ページ）。

正答　2

第**3**章

論文攻略法

主任論文に求められるもの

　主任級職選考（種別Ａ）の論文試験は、令和６年度から出題形式が変更されます。

　ＡⅠ類は、「都政もの」２題から１題を選択し、２時間30分で作成します。ＡⅡ類は「都・局に関する出題」または「都政に関する出題」各１題から１題を選択し、２時間30分で作成します。「職場もの」からの出題はなくなります。

　出題は、課題文に添付された事例と資料を分析し、（１）（２）と分けて論述することが求められます。（１）では、資料等の課題を抽出・分析した上で、出題テーマに関する基本的認識を300字以上500字程度、（２）では（１）で提示した課題に対する具体的な解決策を1200字以上1500字程度で、それぞれ論述します。

　「都政もの」については、施策立案の際に重要な具体的な視点を提示して出題し、実践性・企画性を高めた論述を求めることとします。具体的には、問題（２）を改め、「（１）で述べた課題に対して、都は具体的にどのような取り組みを行っていくべきか、○○○の視点にも触れながら、あなたの考えを述べてください」となります（「視点」は出題内容により異なります）。

　また、職務経験を積んだ中堅職員を対象とする主任選考Ｂは、局の重要課題や職務などに関する３題の出題の中から１題を選択します。字数は1000字以上1500字程度、試験時間は２時間です。

「論文試験」とは

　それでは初めに、論文試験とは何かについて確認していきましょう。

　論文とは、あるテーマについて、自分の意見を論理的に伝える文章を言います。論理的に書くという点で、自分が感じたこと、思ったことを書きつづる感想文や随筆とは異なります。また、筆者の意見を積極的に述べるという

点では、事実を書くレポートや報告書とも異なります。

　論文試験においては、与えられたテーマについての状況把握、状況の分析、分析に基づいた課題の設定、課題に対する解決策の提示という流れで、一貫性のある論理展開をしつつ、自分の意見を表現していくことが必要です。

　特に主任選考の論文では、職員として都政が現実に直面する課題に対して、どのような解決策を講じるのか、論理的かつ具体的に書くことが求められます。

評価のポイント

　次に、どのような論文が評価されるのかを確認していきましょう。

　どんな試験にも当てはまることですが、採点する側がどのような点を評価のポイントとしているのかを知ることで、試験対策を効果的に進めることができます。

1　問題意識
　第1の評価のポイントとして、出題されたテーマに対して高い問題意識を持っているかということが挙げられます。都政全体を視野に入れ、自らの視点で課題を的確に抽出、分析して論じることが求められます。

2　問題解決力
　第2の評価のポイントとして、抽出、分析した課題に対して、具体性、現実性、効果等を踏まえた解決策を論じなければなりません。

　出題されるテーマは、現実の都政に関連した問題となります。出題側としては、現実の課題に対する、職員自身の課題の捉え方、解決策の提示を求めているのです。

　さらに、内容には具体性が求められます。抽象的、客観的なものではなく、日々直面している課題についての対応策など、具体的かつ現実的な内容を記載します。論文を書く際には、これまでの経験や、経験に基づく想像力を総動員して、実現性の高い記述に落とし込むことが重要です。

3 論理性

第3のポイントとして、文章が論理的かどうかという点が挙げられます。

論文を書く場合には、「状況把握」→「分析・解釈」→「提案」という論理の型で組み立てます。内容の程度の差はあっても、論理の型は基本的に同じです。

書いた論文は上司や先輩に添削してもらいましょう。論理性は、論文を書いた本人の視点ではなかなか改善しにくいものです。他人に添削してもらうと、論理の飛躍、課題と解決策の不整合など、自分では気づかない箇所について、客観的なアドバイスをもらえます。さらに、複数人に添削してもらうことで、自らの論文を多角的に分析することができ、どんなテーマにも対応可能な自分なりの論理の型を固めることができます。

また、論文作成に当たっては、論文の骨子を作成するようにしましょう。骨子を作成することで、課題・分析・解決策・効果等がしっかりと対応しているかを検証できるようになります。

4 表現力

第4のポイントは、わかりやすい表現で文章が書かれているかという点です。

誤字脱字がないか、適切な語彙が使われているか、文章が冗長になっていないかなどの点に注意しつつ、都政に携わる職員として適切でわかりやすい文章表現とします。総論的、抽象的な表現や難解な言葉は避け、簡潔明瞭で平易な構成となるよう心がけましょう。

5 その他

これらのほか、積極性も重要な評価ポイントの一つになります。行政に携わる者として、問題の解決に主体的に関わっていく熱意、新しい課題や困難にも果敢に挑戦していく「チャレンジ精神」も問われています。自分の仕事ではないから関係ないといった姿勢は、論文の中にも表れてしまうものなので、日頃から積極性を持って仕事に取り組むことが大切です。

　論文試験の学習を始めるに当たって、少しでも効率的に進めることができるよう、事前準備から試験本番までのポイントを説明していきます。

事前準備

1　過去の出題の確認

　まず、過去にどのような問題が出題されていたかを確認しましょう。都政ものの出題傾向を見ると、以下の通りのテーマとなっています。

【令和元年度】　地域で支え合いながら、高齢者が安心して暮らしていくための施策

【令和２年度】　都内のCO_2排出を削減していくための施策

【令和３年度】　安全・安心な東京を実現するための施策

【令和４年度】　誰もが持てる力を存分に発揮し、自分らしくいきいきと活躍できる社会を実現するための施策

【令和５年度】　望む人誰もが子供を産み育てやすい社会を実現するための施策

　なぜその年にその出題がされているのか、自分なりに分析すると、その年の前後に注目された都政の動きなどが見えてくると思います。

2　出題テーマの予想

　次に、過去の出題状況等から、出題テーマを予想してみましょう。

　都政ものでは、最近注目されている都政の動きについて、各種計画や議会における知事の所信表明などを参考に調べてみると良いでしょう。また、知事の定例記者会見や日々の報道発表をチェックする習慣をつけ、自分の仕事以外の分野についても、日頃から関心を持つように心がけましょう。

　都政ものは出題範囲が広く、都政に関する知識の蓄積が解答に大きく影響

します。こういった知識は一朝一夕には身に付かないので、日々の積み重ね
が大きな力となります。

3　合格水準の確認

　次に、論文の合格水準について把握しましょう。

　効率的に学習を進める上で、試験ではどの程度のものを書けば合格できる
のか、最終的な仕上がりの水準を知っておくことが重要です。試験合格者の
再現論文や書店に並んでいる模範論文集等を入手して、最低でも10本程度
の論文に目を通し、合格水準の論文をインプットしましょう。

　合格水準の論文を読んでいくうちに、論文の構成や課題設定、提案等の内
容のレベルが分かってきます。また、論文中に優れた文章表現や課題解決策
等があれば、自分が論文を作成する際の参考にもなります。

　ただし、合格水準の論文を丸写しして覚えるだけでは意味はありません。
論文試験では、出題に合わせてその場で考えて論述する論理性や表現力が求
められています。合格水準の論文はあくまでも参考としつつ、自ら考えて論
文を完成させることが大切です。

4　情報収集

　論文は基本的に「状況把握」→「分析・解釈」→「提案」という展開で書
いていきます。状況把握について論述するにあたっては、都政を取り巻く状
況などの客観的事実が基礎的知識になります。常に、最新の状況について情
報収集し、自らの知識をアップデートし続けるよう心がけましょう。

　次に、「『未来の東京』戦略」や「シン・トセイ戦略」、知事の定例記者会
見等を基に、都が現在行っている施策をしっかり把握するようにします。ま
た、都の施策の特徴や先進性を理解するという観点から、国や他の自治体の
施策等も調べておくのも良いでしょう。

　論文試験は、仮に同じテーマの出題があったとしても、そのテーマが出題
された時代背景が異なれば、論述すべき内容も異なってきます。論文の土台
となる的確な状況把握のためにも、情報収集は非常に重要であると言えます。

準備論文の作成

1　問題の準備

　論文作成にあたり、まずは問題を用意する必要があります。これまでの出題傾向から、予想問題を作成しましょう。過去問や職場で出題してもらえる場合はそれを活用してもよいでしょう。

2　構成の決定

　論文の構成は、４段構成（起承転結）と３段構成（序破急）があると言われています。ここでは、３段構成の一例について紹介します。

　解答（１）　課題抽出と問題提起のセットを３つ。

　解答（２）　解答（１）で挙げた課題に対して、①背景②解決策③効果のセットを３つ。必要に応じて、最後に結論を記述します。

3　作成のポイント

　テーマと構成が決まったら、実際に論文を作成していきます。最初は時間を気にせず自由に書き、字数がオーバーしていたら少しずつ削り、制限字数内に収まるようにします。

　解答（１）と解答（２）に分けて、論述する際のポイントを説明します。

解答（１）

　課題に対する問題意識を持っているか、論理的で読みやすい文章を作成することができているかが重要です。基本的な考え方に「解答（１）の内容を踏まえて、解答（２）が論じられている」ことを採点の観点とする旨が記載されている以上、（１）と（２）の解答は関連している必要があります。論理的に一貫した論文を作成するためには、構成に沿ったレジュメを作成し、あらかじめ課題とそれに対応した解決策を整理しておくとよいでしょう。

　問題文に「資料を分析して課題を抽出し」と書かれているため、「資料○によると」といった表現を使用し、資料を十分に踏まえて課題を分析・抽出していることを示すようにします。また、触れる資料の点数が指定されていることにも注意が必要です。

第**3**章

論文攻略法

161

解答（2）

　具体的な解決策の前に、課題の背景を的確に論述することで、説得力の高い論文となります。現状の課題にとどまらず、課題の背景及び原因を分析して論述し、その原因が解決できるような取り組みを論述しましょう。

　解決策は、誰も考えたことがないような突飛なものでなくてよいです。発想力よりも、課題を実際に解決できそうな、実現性や具体性のある解決策が求められます。

　解決策の分量や内容に偏りが出ないよう、具体性や統一感等のバランスを整えましょう。また、順序についても、重要なものや真っ先に取り組むべきものを最初に論述するなど、課題解決の優先順位を意識しましょう。

　論理性という観点では、資料から素直に読み取れる論点に対し、自然な文脈で論述することが重要です。読み手を意識し、接続詞を適宜使いながら、一読で理解できるような文章を書くよう心掛けましょう。そのためには、１文60字程度までを目安にするとよいでしょう。

　表現力という観点では、簡潔にポイントをまとめる力が問われます。過去の合格再現論文等で文章構成や語彙の使い方を確認したり、上司に添削を依頼したりすることが向上への近道です。

　解決策は、新たな取り組みを提案するか、または現在都が行っている事業に対する改善策等を述べてもよいとされています。いずれにしても、現実的かつ具体的な取り組みである必要があります。なお、その際、既存の施策を真っ向から否定するような論述は避けたほうがよいでしょう。

　令和６年度から「○○に触れながら〜」の要求が新たに入ることになります。区市町村や民間事業者など都の施策に関係する他団体との連携の視点を常に持つことを意識しましょう。

４　推敲

　最初から筋の通った文章を書くことは難しいものです。作成した論文については、次の観点から推敲を重ねましょう。

　▽資料及び問題文から適切に課題抽出ができているか▽適切な解決策を提示しているか▽課題及び解決策に重複はないか▽課題及び解決策を論述する順番は妥当か▽課題と解決策の対応は適切か▽課題及び解決策の分量は適切

か▽論理構成に飛躍はないか▽内容に統一性はあるか▽同じ表現を繰り返していないか▽1文が長くなっていないか▽読みにくい表現はないか

5　添削指導

　論文を書き上げたら、必ず直属の上司に添削を依頼しましょう。第三者の視点で論文を見てもらうことで、内容や表現をさらに向上させていきます。

　最初は多くの指摘が入るかと思いますが、添削内容について真摯に受け止め、整理し、書き直した後、再度添削を依頼します。これを繰り返していくことにより、合格レベルの論文に仕上げていきます。

　また、修正すべき箇所を明確にすることができるため、可能であれば複数の管理職に見てもらうことが望ましいでしょう。上司に指導してもらいながら、自分なりの論文の型を作り上げてください。

レジュメの作成

　論文を数本準備したら、あとは課題・背景・解決策・効果をセットとしたレジュメを作成してストックを増やしましょう。また、合格者再現論文からレジュメを作成し、ストックとすることも効果的です。併せて、資料から課題を的確に抽出する練習もしておきましょう。レジュメを作成したら何度も読み返し、通勤時間や昼休み等を活用して覚えていきます。

手書き練習

　約2000字を手書きするのは疲れる作業で、予想以上に時間がかかります。さらに、普段はパソコンで作業することが多いので、漢字が正確に思い出せないことがあります。また、手書きする際には、読む人のことを考えて、濃く、大きく、丁寧に書くことを心がけましょう。

第3章　論文攻略法

模擬試験

　本番を想定した模擬試験は、自分の実力を検証できる有効な機会です。職場などで実施される場合には、できるだけ参加しましょう。なお、この際には時間管理に十分注意し、自分の「書くスピード」を計っておくと本番で役に立ちます。

試験本番

　本番では、焦ってすぐに書き始めるのではなく、まずは問題文をよく読み、出題意図を把握します。解答するテーマを決めたら、レジュメを作成し、全体の構成を整理します。

　時間配分の目安について例を挙げると、テーマ選択・レジュメ作成（30分）、論文作成（110分）、推敲・見直し（10分）です。準備した論文を無理やり当てはめようとしないよう、十分注意してください。

　また、誤字・脱字の確認は必ず行い、減点となるポイントはなくすようにしましょう。字数が一定数以下のものや完結していないもの等は、仮に内容が優れていても大幅に減点されることがありますので、時間が足りなくても最後まで諦めずに書き切るようにしてください。

第3節 論文作成手順

　令和6年度から、都主任Aの論文問題の出題形式が大きく変わりました。I類では職場ものと都政ものから1題選択だったものが都政もの2題から1題を選択となりました。Ⅱ類では、局あるいは都の課題を挙げて論じるタイプの都政ものと職場ものから1題選択でしたが、職場ものがI類と同じタイプの都政もの1題に替わり、2題から1題選択となっています。

　この変更に伴って、都人事委員会から都政ものの例題が示されましたので、この例題を題材として、どのように都政ものの論文を作成していくのか、解説していきます。

例題

> 　令和4年の全国の出生数が、統計開始以降、初めて80万人を割り込むなど、少子化は予想を超えて進行しています。とりわけ、都の合計出生率は全国最低であり、少子化対策は一刻の猶予もないため、都は、なしうる対策に迅速に取り組んでいくことが求められています。望む人誰もが子供を産み育てやすい社会を実現していくために、都はどのような施策を行うべきか、次の（1）、（2）に分けて述べてください。
>
> （1）望む人誰もが子供を産み育てやすい社会を実現していくための課題は何か、資料を分析して課題を抽出し、簡潔に述べてください。なお、資料3点のうち、2点以上に触れること。　　（300～500字程度）
> （2）（1）で述べた課題に対して、都は具体的にどのような取り組みを行っていくべきか、民間企業や区市町村等、多様な主体と連携していく視点にも触れながら、その理由とともに述べてください。
>
> 　　　　　　　　　　　　　　　　　　　　　（1200～1500字程度）

資料 1-1 　50 歳時の未婚割合

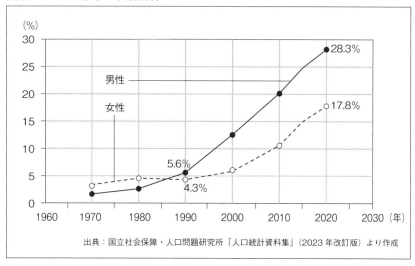

出典：国立社会保障・人口問題研究所「人口統計資料集」（2023 年改訂版）より作成

資料 1-2 　積極的に結婚したいと思わない理由（20 － 39 歳独身男女）

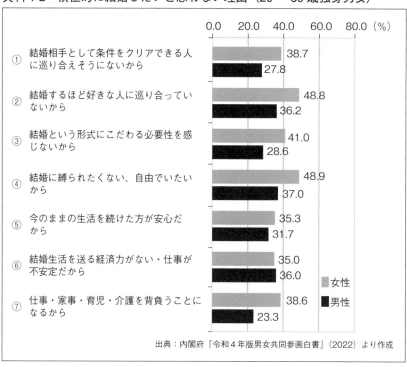

出典：内閣府「令和 4 年版男女共同参画白書」（2022）より作成

資料 2-1　夫婦が理想の子ども数を持たない理由（上位を抽出）

（複数回答）

経済的理由			年齢・身体的理由			育児負担	夫に関する理由
子育てや教育にお金がかかりすぎるから	自分の仕事（勤めや家業）に差し支えるから	家が狭いから	高年齢で産むのはいやだから	ほしいけれどもできないから	健康上の理由から	これ以上、育児の心理的、肉体的負担に耐えられないから	夫の家事・育児への協力が得られないから
52.6%	15.8%	9.4%	40.4%	23.9%	17.4%	23.0%	11.5%

出典：国立社会保障・人口問題研究所「第 16 回出生動向基本調査」より作成

資料 2-2　正規雇用労働者と非正規雇用労働者数の推移

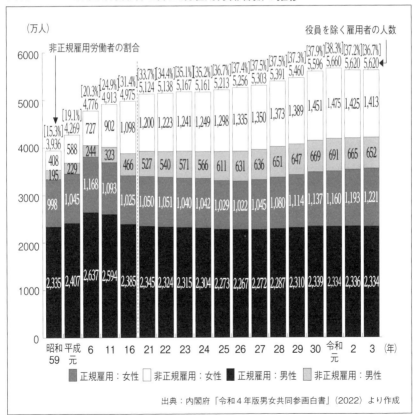

出典：内閣府「令和4年版男女共同参画白書」（2022）より作成

第3章 論文攻略法

資料3-1　日本と外国との労働時間の比較

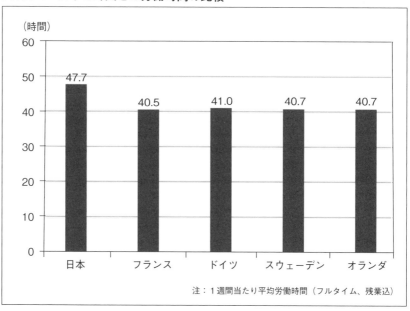

（時間）

注：1週間当たり平均労働時間（フルタイム、残業込）

資料3-2　日本と外国との夫婦の家事・育児時間の比較

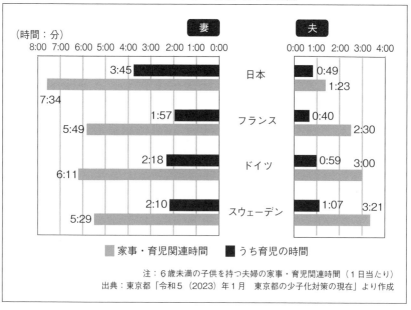

注：6歳未満の子供を持つ夫婦の家事・育児関連時間（1日当たり）
出典：東京都「令和5（2023）年1月　東京都の少子化対策の現在」より作成

課題抽出　設問（1）

1　出題意図の把握

　設問（1）で示された資料から、3つの論点をどのように設定するかについて解説します。

　出題者の立場で考えてください。出題者は、問題文や資料を準備する際に、どういう論点で論じてほしいかを考えているはずです。論文問題には必ずテーマがありますが、今回のテーマは、広くいえば少子化対策、もう少し絞れば「望む人誰もが子供を産み育てやすい社会を実現」ということになります。ですから、そうした社会の実現のためにはどんな施策が考えられるか、そして、そこに誘導するにはどんな資料を準備したらよいかを考えているはずです。これを「出題意図」と呼ぶことにします。資料から、この出題意図を見抜いて、その意図に沿った論点を抽出し、（2）で施策について論旨を展開すれば、高得点が期待できます。

　（1）を作る手順は、資料から見える情報の整理→情報の評価→出題意図の考察→3つの論点の設定→文章化、という流れになります。

2　資料の分析・課題の抽出

　では、まず個々に資料を見ていきましょう。

〈資料1-1〉

　50歳時の未婚割合のグラフが示されていますね。ここから読み取れる情報の整理としては、50歳時の未婚割合は、

1　男女とも30年前から10年で5％程度の上昇傾向である。

2　30年前に比べて、男女とも5倍程度

3　男性30％、女性20％くらい

ということが分かります。

　次に、この情報をどう捉えるかが情報の評価です。解釈といってもいいでしょう。

　未婚率の数字を高いと捉えるか低いと捉えるか。また、それが良いことなのか悪いことなのかを評価します。ここで注意してほしいのは、あくまでも題意に沿った視点で評価するという点です。極端に言えば、結婚や出産を悪

第3章　論文攻略法

169

と捉えるような出題であれば、評価の視点は変わってきます。題意を考慮すると、この未婚率が高いと捉え、よくないことと評価します。

　そこで出題意図ですが、評価を踏まえると、この未婚率の高さを何とかしたい、つまり、結婚を促すようなことを考えなさいというのが出題の意図ということになります。

　〈資料1-2〉

　20〜39歳の独身男女が積極的に結婚したいと思わない理由が示されています。資料1-1よりも、読み取れる情報はたくさんあり、情報の整理を逐一書くのは大変なので、まずは、ざっくり傾向をつかんでみましょう。

　1　全体的に、男性よりも女性の方が積極的に結婚しない理由の割合が高い。

　2　①②⑥は結婚したいけど理由があって未婚である層で、③④⑤⑦はそもそも結婚に否定的な層だ。

ということが分かります。2は少し考えないと思いつかないかもしれませんね。

　また、①②は巡り合いの機会が少ないと考える人が40〜50％いる。⑥は経済力・仕事に対する不安が35％程度ある。③④⑤が現状維持でOKという人が30〜50％。⑦は結婚生活は大変だと思っている人が男性で20％、女性で40％いる。

　評価としては、1の評価は難しいですが、2から、積極的に結婚したいけど理由があってできない層があるのはもったいない、と考えました。

　出題意図としては、そもそも結婚に否定的な層に結婚したいと思ってもらうことを考えよ。また、結婚数を増やすために巡り合う機会を作る方法を考えよ、というあたりだと考えました。

　以下、同様に出題意図を探ります。コンパクトにまとめます。

　〈資料2-1〉

・情報の整理

　子育て・教育にお金がかかるが52.6％

　高齢で産みたくない40.4％

　欲しいけどできない（妊活の費用の問題も含む）23.9％

　心理的・肉体的負担に耐えられない23.0％

・評価

年齢の問題は若返りができるわけではないし解決はできない。

育てるにせよ、妊活にせよ、お金の問題で望む数の子供を持たない割合が高い。

子育ての心理的・肉体的負担が耐えられないと思っている人が2割なのは多い。

・出題意図

子育て世代に有効な経済的な支援策を考えよ。

子育ての心理的・肉体的負担を下げる策を考えよ。

　〈資料2-2〉

・情報の整理

正規雇用人数はほぼ横ばい。

非正規雇用は少しずつ増加傾向。

・評価

非正規が増えてるのは、共働きが増えている。あるいは、定年退職後にも働く人が増えた。

もしかして、非正規は一般的に育業制度が行き届いてない。

・出題意図

育業制度を非正規雇用まで行き届かせる策を考えよ。

　〈資料3-1〉

・情報の整理

日本人は、独、仏、スウェーデンよりも、1日あたり1時間多く働いている。

・評価

日本人の労働時間が1日当たり1時間他国に比べて長いのは良くない。

・出題意図

子供にかける時間を増やすために、働く時間を減らせる策を考えよ。

　〈資料3-2〉

・情報の整理

家事・育児関連時間の夫婦合計の各国平均は530分、日本は537分。夫平均は154分、日本は83分。妻平均は376分、日本は454分。

育児時間の夫婦合計の各国平均は209分、日本は274分。夫平均は56分、日本は49分。妻平均は153分、日本は225分。

育児以外の時間の夫婦合計の各国平均は321分、日本は263分。夫平均は97分、日本は34分。妻平均は225分、日本は229分。

・評価

　日本の家庭では、育児時間が世界平均より1時間長いのはよくない。

　日本の家庭の場合は一見、妻の育児の負担が長いのがよくないように思えるが、日本は海外に比べて専業主婦率が高そうだし、評価は難しいかもしれない。

・出題意図

　育児時間を短くする方策、あるいは、育児時間を短くできなくても労働時間を短くすることを考えよ。

　妻の育児負担を短くする策を考えよ。

　以上のように、資料ごとに出題意図を見ることができました。順番に列挙すると、

〈資料1-1〉結婚の数を増やすことを考えよ。

〈資料1-2〉結婚に否定的な層に結婚したいと思ってもらうことを考えよ。

〈資料1-2〉男女の出会う機会を増やす方策を考えよ。

〈資料2-1〉子育て世代に有効な経済的な支援策を考えよ。

〈資料2-1〉子育ての心理的・肉体的負担を下げる策を考えよ。

〈資料2-2〉育業制度を非正規雇用まで行き届かせる策を考えよ。

〈資料3-1〉子供にかける時間を増やすために、働く時間を減らせる策を考えよ。

〈資料3-2〉育児時間を短くする方策、あるいは、育児時間を短くできなくても労働時間を短くすることを考えよ。

〈資料3-2〉妻の育児負担を短くさせたい。

のようになりました。これらのうち同じ内容のものはグルーピングします。そうすると、

　①結婚に向けた施策を論じよ。資料1-1、1-2

　②経済的な支援を論じよ。資料2-1

　③企業に育業≒働き方改革を促すことを論じよ。資料2-2

　④子育てに時間的余裕を与えることを論じよ。資料2-1、3-1、3-2

の4つに整理できました。これが論点ということになりますが、論点は3つに絞りたいです。4つでダメということはなく、問題文にも論点を3つ挙げ

よとは書いてないですが、都主任論文の歴史を考えると、3つに整理するのが王道です。そこで4つの関係を考え、優先度が低そうなものを切るか、比較的近いものを統合して、3つに整理しましょう。ここでは③は結果的に④につながると考え、③を④に吸収して統合し、論点を3つに整理しました。

なお、問題には、資料3つのうち2つ以上に触れることという条件が付してありますが、3つの資料に触れているので、この条件はクリアしています。優先順位の低いものを切った場合には、資料2つ以上に触れなくなってしまうかもしれないので注意してください。

3つの論点は以下の通りです。

①結婚数の増加に向けた施策について

②子育てに対する経済的な支援策について

③子育てに時間的余裕を与える施策について

3 （1）の構成

この3つの論点について論述していくわけですが、ここで字数を考えます。（1）は、1行25文字×22行の原稿用紙に納めなくてはなりません。論文ですから、冒頭に、これから何について論述するのかの説明が必要となります。それに文字数を割かなくてはなりません。これを「導入部」と呼ぶことにします。導入部は、（1）冒頭の決まり文句で、「望む人誰もが子どもを産み育てやすい社会を実現していく上での課題として、以下の3点を挙げる」と記述します。そして、3つの論点を、第1に…。第2に…。第3に…。と書いていきます。

そうすると、1論点につき、6～7行程度でコンパクトに論じる必要があります。字数にして150字程度です。書いてみると結構少ないので、コンパクトにまとめる必要があります。

論点の中身は、論点を端的に、資料の解釈、解釈に基づいた課題認識の順で書きます。「2」では、資料から見える情報の整理→情報の評価→出題意図の考察→3つの論点の設定→文章化という（1）の手順を説明しましたが、おおむね出題意図の考察までを論点ごとに書き込んでいくことになります。

4 論旨作成の実際（第1の論点）

実際にどう書いていくのが良いか、1つ目の論点で説明します。

情報としては、未婚率の上昇、アンケートで巡り合う機会がないという主旨の回答が男女とも40〜50％、そもそも結婚に否定的な回答をする人も20〜40％程度といったところです。この情報に評価も加えて文章化します。ここで、この３つの情報に因果関係があるかを考えてみます。アンケート結果に表れている状況が原因で未婚率が上昇しているという結果になっていると考えるのが自然ですね。論点１では、与えられた情報の中に、原因も客観的な結果も与えられています。そうならない場合もありますが、それは第２の論点で説明します。なお、結果は良くないことなので「害」と呼ぶことにします。今後もこの言葉は何度か出てきます。

　では、そもそも結婚に否定的な人と、結婚したいけど巡り合いがないという点、どちらを論じるべきか、あるいは２つまとめて論じるべきかを考えてみましょう。

　（２）では、結婚数を増やすための解決策を論じなくてはいけませんが、結婚に否定的な人に積極的になってもらうのと、巡り合いの機会を作るのと、どっちがダイレクトに結婚数の増につながるか、また、解決策を思いつきやすいか考えてみてください。ここでは後者の方を論じる方がよいと判断しました。もちろん前者にぴったりの解決策を思いつき、それが結婚数の増につながるというのを論述できるのであれば、前者を論じても構いません。

　そして、解決策で論じなくてはいけないことは、結婚したい異性との出会いの場を増やしていくことですね。そこが課題認識となります。また、論点の冒頭には、その論点の問題点を端的に書きます。１つ目の論点では、結婚を望む男女の出会いが少ないことが問題です。

　ここまでを整理して、１つ目の論点を文章化すると、以下の通りとなります。

　第１に、結婚を望む男女の出会いが少ない。資料１では、積極的に結婚しない理由で、相手に巡り会えないという主旨の回答が40〜50％もある。これを要因の一つとして、50歳未満の未婚率は2020年に男性で約３割、女性で約２割と30年前の５倍にまでなってしまった。結婚したい異性と出会う場を増やすことが必要である。

　注意点を１つ。「２　資料の分析・課題の抽出」で、資料に示された情報

が良いことか悪いことかを評価するという説明をしました。この文章には、良いとか悪いとか、高いとか低いとかという言葉での表現はありませんが、「40～50％もある」「にまでなってしまった」という表現で、良くないことというニュアンスを出しています。字数に限りがありますので、助詞を使って思い通りのニュアンスを出すことを覚えてください。

これで、第1の論点まで文章化できました。

5　論旨作成の実際（第2の論点）

続いて、第2の論点です。考え方は第1と同様です。出題の意図は、子育てに対する経済的な支援策について論ぜよというものです。

情報としては、子育て・教育にお金がかかるが52.6％、経済力・仕事に対する不安が35％程度あるといったところですね。第2の論点では、第1の論点における未婚率の上昇のように資料に明示された客観的な害がありません。その場合は、これらの情報から何が言えるかを自分で工夫して表現してください。アンケート結果ですから、これらは対象者の認識です。アンケート結果から、こういうことが分かるくらいのまとめでいいでしょう。最後は、経済的な支援策ですから、そういう主旨で課題認識を記述します。また、第2の論点の情報は、両方ともお金に関することなので、第1のように、どっちを論じるかということもありません。ここまでを整理して、2つ目の論点を文章化すると、以下の通りとなります。

第2に、子育てに対する経済的負担である。資料1では、男女とも約35％が積極的に結婚しない理由に経済力の不足を挙げ、資料2では、夫婦が理想の子ども数を持たない最大の理由として子育てや教育にお金がかかりすぎるからが52.6％ある。経済力が子育ても含めた結婚生活にとって重要な要素と認識されている。望む数の子供を持っても困窮することのない支援策が必要である。

これで、第2の論点まで文章化できました。

6　論旨作成の実際（第3の論点）

続いて、第3の論点です。出題の意図は、子育てに対する時間的な余裕を

175

与える施策を論ぜよというものです。

　情報としては、子育ての心理的・肉体的負担が耐えられないと思っている人が２割。正規雇用人数はほぼ横ばい、非正規雇用（育業制度を使いにくい）は微増傾向。日本人は他国よりも１日あたり１時間多く働いている。育児関連の夫婦合計時間は他国より１時間長い。加えて、資料1-2をよく見ると、積極的に結婚しない理由として、仕事・育児・家事・介護を背負うことを、男性で23％、女性で38％がその通りと答えています。これも情報として使えそうですね。このように、ざっくりと情報を整理した資料の中に論旨を補強する情報が入っている場合があります。ですので、論旨を組み立てる際には使った情報以外にも役立つ情報がないか資料を見直すことが大事です。

　これらの情報の因果関係を整理します。すると、１日の労働時間が長いことと、育児関連の時間が長いことが原因で、子育ての心理的・肉体的負担が耐えられないと思っている人が２割いること、また、積極的に結婚しない理由として仕事・育児・家事・介護を背負うことの回答率が高いという結果につながっていそうです。ただし、この場合はアンケートの回答という感覚的なものを含んでいる点が未婚率とは違うので、明確な因果関係とは言いづらい面もあります。ですので、第１のような書き方もあるし、第２のような書き方もあり得ます。ここでは、明確な因果関係は言いづらいと考え、第２の論点と同じ書き方をしました。

　最後に課題認識ですが、子育てに関する時間的余裕を確保するには、２通り考えられます。一つは子育ての時間自体を短くすること。もう一つは、労働時間を削って子育ての時間に余裕を作ることです。（２）では、この課題認識に基づいて、解決策を展開していくので、自分で書きやすい方を選びましょう。

　なお、正規雇用人数はほぼ横ばい、非正規雇用（育業制度を使いにくい）は微増傾向という情報は、子育てとは直接的にはつながりにくいことから（１）では触れないでおきます。

　情報の整理については、全てを書き込むのは字数の制約上難しいので、セレクトしていますが、ここまでを整理して、３つ目の論点を文章化すると以下の通りとなります。

　第３に、育児の時間的負担の重さである。資料３では、日本だけが他国と

比較して1日の労働時間が1時間長い。また、夫婦合計の育児時間も1時間長く、労働時間の長さと相まって育児の負担感が重いことを示している。資料1でも積極的に結婚しない理由として育児等の負担が高い割合を占める。育児時間に余裕を持つため、通勤時間も含めた労働時間の短縮が必要である。

7　論文の型

　最後に、（1）の論文の型を示しつつポイントを整理します。

　（1）の部分は、以下の通りの構成となっていて、これを「論文の型」と呼ぶことにします。

1　導入部。2行程度。これは定型文。

2　論点3つ

　①論点を端的に記述　第1に〜、第2に〜、第3に〜

　②情報の整理とその評価　単に、「…が…％である」というように書くのではなく、その数字は良いのか悪いのか、など評価も書く。評価の際には助詞や助動詞でニュアンスを出すと字数を節約できる。

　③課題認識　「〜が必要である。」とまとめる。

　今回文章化したものを分解すると、この論文の型に当てはめることができます。逆に言えば、論文を作るには、この型にパズルのようにピースを当てはめれば、それなりに出来上がります。添削する側の管理職の立場では、この型にはまっているだけで添削のしやすさが全然違います。添削しやすいということは皆さんに早く返せますし、それだけ指導も充実します。論文の型をマスターしましょう。

第**3**章

論文攻略法

論文作成　設問（2）

　ここでは、（1）を踏まえ、（2）をどう論述していくかについて解説していきます。

1　（2）の論文の型

　課題抽出（1）で、（1）の論文の型について説明しました。（2）にも論文の型があり、1行20字×80行の原稿用紙に書く必要があります。1300字以上は書かなくてはいけないので、65行〜80行の間で書きましょう。なお、字数は実際の文字数ではなく、行数で計算しますので、改行等で空白のマスがあっても、その行には20文字書いてあると見なされます。数字等を1マスに2文字書き入れた場合も同様です。（2）にも導入部があり、これが3〜4行。論点が3つあることを考えると、論点1つあたり21〜25行程度になります。

　論文の型と字数は以下の通りです。字数は目安です。論旨展開によっては前後しても構いません。

　①導入部。3〜4行程度。これは定型文。

　②論点3つ

　・論点を体言止めで見出しとして記載　1行

　・問題点の掘り下げ　5〜7行

　・具体策の方向性　2〜3行

　・具体策　12〜15行

　・成果　2〜4行

　こうした構成で書くと、（2）の問題文の「都は具体的にどのような取り組みを行っていくべきか」「その理由とともに」という要求に対して対応することができます。

2　ヒネリの入った新しい都政もの論文

　さて、基本的には、前述の型にパズルのようにピースを当てはめていくわけですが、今回の例題の（2）には、「民間企業や区市町村等、多様な主体と連携していく視点にも触れながら」というフレーズがあります。これは、

178

今までの都政ものの論文にはなかった部分で、今後もこうした「〜の視点にも触れながら」という部分が出題に織り込まれることになっています。これを「ヒネリ」と呼ぶことにします。あくまでも、触れながらなので、がっつり織り込む必要はありません。採点者に、ちゃんと触れているなと感じてもらえればOKです。具体的には後述します。

なお、このヒネリですが、出題者の立場で考えると、テーマに合いそうなものを提示してくると思われます。ヒネリは、これまでのAⅡ類の都政ものの出題には既に織り込まれており、こちらが参考になるので過去問を参照してください。これまでのヒネリを例示します。

・都民の利益、満足度を一番に考える
・時代や状況の変化に迅速に対応する
・事務の効率的・効果的な推進
といったものがあります。

3　（2）の論旨の展開

導入部は、定型文なので、182ページからの参考論文を参照してください。論点の内容は、（1）で整理した3つの課題認識に対応する形で、3つの取り組みを記載していきます。第1の論点では、考え方を詳細に説明します。

〈見出し、解決策の方向性の書き方〉

まず、第1の論点での課題認識は、「結婚したい異性と出会う場を増やすことが必要である」ということでした。なので、具体的な方向性としては、結婚を考えている男女が直接出会える縁結びの機会を増やしていくということになります。見出しについては、方向性の部分を端的にまとめて書きます。

〈問題点の掘り下げ〉

第1の論点で、なぜこの課題認識になったかというと、巡り会いの機会がないことやその結果で未婚率が高いことがありました。そして、なぜ巡り会いの機会がないのか原因を突き詰めることを、「問題点の掘り下げ」と呼ぶことにします。問題点の掘り下げは、自分の知識をフル活用して、自分の言葉で書きます。

巡り会いの機会が減ってきた理由は色々考えられます。都会では地域住民間の関係が希薄化し、近隣のお付き合いで知り合うことが減っているという

のもあるでしょうし、お見合いを設定するいわゆる世話好きな人が減っているというのもあるでしょう。テレワークなど働き方が変わり、仕事を通じての巡り合いが減ったことも考えられます。後半で具体的な解決策を論述するためには、この問題点の掘り下げが必須です。採点者に「なるほど！　こういう原因があるから、こういう解決策を提案するんだな」と納得してもらうように書かなくてはいけません。これができている状態を、問題点と解決策がかみ合っていると言います。ここでは、働き方が在宅型になってきたことが原因と考えて論旨を進めることにします。

〈具体策の書き方〉

この部分では、方向性に沿った具体策を書いていくことになります。採点者が一番着目する部分となります。

何を具体策にするかですが、ここで、また出題者の立場で、どんな施策が考えられるか考えてみましょう。出題するにあたっては、都が進めている施策と方向性が合わない内容を期待することはないでしょう。もし合わないとしたら、そのような施策は出題者独自のものであり、それが正しいか間違っているか、出題者も不安になります。

そこでテーマに関連した都の施策をベースに考えます。受験者が思いつくようなことは、既に専門の所管部署が考え、計画していたり、施策として実施しています。都や関係しそうな局のHPなどにたいていの情報はありますので、そこを中心に調べてみると、令和5年6月号のWeb広報東京都に、「望む人誰もが子育てしやすい東京へ」というテーマそのままのページがあり、この論点に限らず、他の論点でも使えそうな情報が掲載されています。この情報をヒントに調べると、東京都主催で婚活イベントが盛んにおこなわれていることが分かります。ですので、具体策として、婚活イベントの実施を中心に考えます。

さて、具体策を婚活イベントとしましたが、単に婚活イベントをやると書いただけでは1行で終わってしまいますし、本当に効果が出るのか採点者にはわかりません。採点者が、これなら結婚の数が増えるなと納得するような中身の記述が必要となってきます。ただし、HP等から取った情報をそのまま書くのでは、他の受験生と差がつかず、競争を勝ち抜けません。一歩抜きん出るには、既存の施策をベースに、その施策のレベルアップ、施策の推進がスムーズに進むための工夫を自分の言葉で具体的に記述しましょう。参考

論文では、著名人のネームバリューを利用することや婚活アドバイザーを配置することなど工夫を入れているので、確認してください。

　ここで一つ考慮しなくてはいけないことがあります。それはヒネリです。例題のヒネリは、「民間企業や区市町村等、多様な主体と連携していく視点にも触れながら」です。これを組み込めるか考えてみます。上記で考えた婚活イベントで組み込めるでしょうか。まず、婚活イベントを東京都が単発でやっても、未婚率を劇的に上げるほどの結果は出づらいと考えました。そこで、多様な主体という部分をヒントに、都内の多くの自治体と力を合わせてやれば、それなりに効果が出るのではと考えました。これを書き込むことでヒネリに対応します。

〈成果〉

　具体的な取り組みによって、どのような成果を出したいのかを書きます。ここでは、結婚を望むカップルが多数成立することですね。それを書き込みます。

　さて、この論点において、結婚に否定的な層への対応は、論点としてはひとまず脇に置きました。解決策を考えたときに、この層にも効果が出るのかを考えてみます。解決策が話題になって、結婚に消極的な層がこの取り組みを知ってくれれば、もしかしたら結婚を前向きに考えてもらえるかもしれません。大きな成果を見せるためにそこも書き込んでみます。そうすると、より重厚な論文になります。

4　（2）の論旨の展開（第1の論点）の見直し

　型に従って、1つ目の論点の論旨を展開し、1回文章化ができたら、論旨が通っているかの確認をします。今回は最後の成果の部分で、結婚に消極的な層への効果を書いたので、そこにつながる伏線を追記します。この効果は具体策によってもたらされるものなので、具体策はいじらなくてOKです。問題点の掘り下げの部分をいじります。結婚に消極的な層は、そもそも結婚につながるイベントなどに参加しないと考え、そういう論旨を記述することにします。

　そのほかにも、全体に矛盾がないか、掘り下げた問題点と解決策がかみあっているかなどがないか確認します。

ここでは、（2）での論点の書き方を、1つ目の論点を例に詳細に説明しました。型に沿って、どう考えて論旨を作っていくかについて、皆さんの理解を深めていただければと思います。第2、第3についても同様の考え方で、論文の型に当てはめながら書いていけば、それなりに論文が出来上がります。

　次に、まず参考論文全体を示し、ポイントを解説します。

参考論文

（1）

　望む人誰もが子供を産み育てやすい社会を実現していく上での課題として、以下の3点を挙げる。

　第1に、結婚を望む男女の出会いが少ない。資料1では、積極的に結婚しない理由で、相手に巡り会えないという趣旨の回答が40〜50％もある。これを要因の一つとして、50歳未満の未婚率は2020年に男性で約3割、女性で約2割と30年前の5倍にまでなってしまった。結婚したい異性と出会う場を増やすことが必要である。

　第2に、子育てに対する経済的負担である。資料1では、男女とも約35％が積極的に結婚しない理由に経済力の不足を挙げ、資料2では、夫婦が理想の子供数を持たない最大の理由として子育てや教育にお金がかかりすぎるからが52.6％ある。経済力が子育ても含めた結婚生活にとって重要な要素と認識されている。望む数の子供を持っても困窮することのない支援策が必要である。

　第3に、育児の時間的負担の重さである。資料3では日本だけが他国と比較して1日の労働時間が1時間長い。また、夫婦合計の育児時間も1時間長く、労働時間の長さと相まって、育児の負担感が重いことを示している。資料1でも積極的に結婚しない理由として育児等の負担が高い割合を占める。育児時間に余裕を持つため、通勤時間も含めた労働時間の短縮が必要である。

（2）

　（1）を踏まえ、東京都は望む人誰もが子供を産み育てやすい社会の実現のため、以下のとおり、男女の出会いの場の創出、企業の働き方改革支援、

子育ての経済的支援の３点について特に注力して取り組みを行っていく。

1　男女の出会いの場の創出

　一部で浸透し始めていた会社員等の在宅型勤務スタイルへのシフトは、コロナ禍を機に一気に進み、男女が外で出会う機会が激減した。婚活イベントや婚活サイト等もあるが、結婚に消極的な層は利用しない。これらのことが未婚率上昇の一因となっている。

　そこで、結婚を考えている男女が直接出会える縁結びの機会を増やしていく。

　具体的には、出会いを目的とした婚活イベントを都と区市町村が連携して開催する。参加者募集の際には、関係団体のHPや広報への掲載はもちろん、既婚の著名人をゲストに招くなど話題性を高め、マスコミやSNSで取り上げてもらい広く周知する。また、事前に参加者のプロフィールや相手に求める条件等を登録し、マッチしそうなグルーピングをしておくなどの工夫を行う。さらに、会場には、婚活アドバイザーを配置し、結婚に関する相談に対応する。このイベントを都内62の自治体で、年１回以上実施し、定着させていく。

　この取り組みにより、結婚を望むカップルが多数成立するとともに、広く認識されることで、結婚に消極的な層に前向きに考えてもらうきっかけづくりにもなる。

2　経済的な子育て支援

　子育てには、出産直後から学校卒業まで、多額の費用が必要である。特に入学時などフェイズが変わる際には、一時的に多額の費用が掛かる。これらの費用捻出に対する不安が、結婚そのものへのちゅうちょや、夫婦が理想とする数の子供を持てないことにつながっている。

　そこで、子育てを多様な場面で経済面から支援していく。

　具体的には、まず、都営住宅や公団住宅において、子供が増えるにしたがって、より広い住居に変更できるようにする。一方で、家賃については、実質的な家賃補助として、子供の数に応じて低減し、家賃負担の増加を抑える。

　また、これまでの高校の学費軽減策に加え、進学時には、新しい制服や学用品等の一時的な出費に充てるため、入学一時金を給付する。

　さらに、第２子の保育料無償化を現在の０～２歳児から、保育園通園期間すべてを網羅する小学校入学時までに拡大する。

183

これらの子供の年齢に応じた切れ目のない経済的支援策により、夫婦が不安なく理想とする子供の数を産み育てられる。

3　働き方改革の推進支援

企業における働き方改革は進んできたが、ノウハウ不足から導入に至っていない企業や、育業等の制度を正社員以外は使いにくい現状がある。このため、子供を抱える多くの労働者が仕事と育児の両方に追われる結果となり、物理的にも気持ちの面でも負担が大きい。

そこで、中小企業の働き方改革の具体的な制度の導入に向けた支援を推進する。

具体的には、まず、テレワーク等を導入していない企業向けにセミナーを開催し、専門家による働き方改革制度の導入方法や導入事例を説明する。また、導入している企業の経営者を招き、導入に向けた取り組み内容や導入後の社員に対する活用の呼び掛け方を紹介してもらうなど、参加者にイメージを持たせる。

さらに、企業に無料で専門家を派遣し、テレワーク時のコミュニケーション方法など企業の実態に沿ったアドバイスをきめ細かく行う。この際、特に制度を利用しづらい非正規雇用の社員についても正社員同等の扱いとするよう啓発していく。

これらの取り組みにより、企業に働き方改革の浸透が進み、正規・非正規雇用を問わず夫婦ともに家で過ごす時間が増え、家事・育児の時間をバランス良く確保できる。

確認してほしいポイント

● （2）第1の論点の文章

第1の論点の記述が、これまで述べてきた内容に沿って文章化されていることを確認してください。

● （1）の情報の整理と評価と、（2）の問題点の掘り下げの関係

第2の論点で関係を確認してみましょう。

（1）では、独身者も夫婦も多くの人が、子育ての経済的負担が大変だと認識していることを述べています。（2）では、なぜそういう認識になっているのかを書かなくてはなりません。そこで、記述を見ると、実際に出産直後から学校卒業までとにかくお金がかかること、特にフェーズが変わる際に

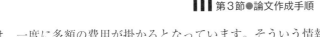

は、一度に多額の費用が掛かるとなっています。そういう情報は一般的に知られていますから、これによって経済的負担が大変だと認識されていると考えられます。

このように、第1の論点の説明で示したような関係が記述できていることを確認できました。第3の論点についても、各自で確認してください。

●問題点の掘り下げと解決策の関係

第3の論点で、問題点と解決策がかみ合っていることを確認してみましょう。

労働者が、物理的にも気持ちの面でも負担に感じるのは、労働時間が家で家事や育児をする時間を圧迫しているからで、それは企業の働き方改革が進んでいないことや、非正規雇用は育業等の制度を使いづらいことによるものであること。さらには、働き方改革にかかわるノウハウ不足が原因であるという問題の掘り下げを行っています。それに対して、企業向けの働き方改革セミナーの開催、企業への専門家派遣といった、ノウハウの指導を行う解決策を示しているので、問題点と解決策はかみ合っています。

●具体的な解決策の書き方のパターン

第1の論点の具体策の部分では、直接出会う場として婚活イベントという一つの具体策について、その詳しい中身や工夫を記述しました。

では、第2ではどうでしょうか。具体策では、住居面での負担軽減策、子供の進学時の一時的な出費に対する給付、第2子の保育料無償化拡大をあげています。これらは、それぞれ独立した施策です。つまり、具体策を3つ述べていることになります。経済的な支援を考えたときに、様々な施策を思いつくので、こうした書き方になります。

第3ではどうでしょうか。具体的には、企業向けの働き方改革セミナーの開催、企業への専門家派遣の2つの具体策を上げています。そして、それぞれに工夫を入れています。第1と第2の折衷案といえます。

このように、具体策の書き方には、①とびぬけて有力な解決策を1つ挙げ、その内容、工夫を丁寧に書く、②いろいろな解決策を列挙する、③①と②の中間─の大きく3パターンあることを理解してください。

●既存施策のレベルアップ

具体策の書き方について、既存の施策のレベルアップやスムーズに進める工夫をという説明をしました。その例を説明します。第2の論点では、住宅

第3章 論文攻略法

についての具体策を記述しています。都営住宅と公団住宅では、結婚予定者や子育て夫婦の募集回数を増やすなどの優遇策はすでにあります。レベルアップとして、子供の数に応じた広い住居、子供の数に応じた家賃の軽減という点を追加しています。また、第3の論点では、学校の費用に関しても私立中学の学費助成、都立高校の無償化、私立高校の学費援助があるうえで、さらに入学一時金の給付をレベルアップとして追加しています。加えて第2子の保育料も拡大ですからレベルアップですね。

　いずれも、突飛な内容ではなく、実現性は十分あるものです。このようなレベルアップ策が高ポイントとなります。学費を私学まで青天井で全額補助などとやってしまうと、採点者からは実現性を疑われてしまいます。

●いったん外した部分の復活による重厚化

　第1の論点では、結婚に消極的な層への対応をいったん脇に置き、文章化する段階で復活させ、重厚さを感じさせる論文にしました。このテクニックは、第3の論点でも使われ、（1）では触れないでおいた、非正規雇用は育業制度を使いにくいという評価の部分を復活させています。問題点の掘り下げでは、そのまま織り込んでいます。解決策の中で、専門家による啓発に組み込み、成果の部分で、非正規雇用の社員も家で過ごす時間を長くとれるということにつながっています。

　論文試験制度の変更に合わせて、不十分な論文を誌上で添削する方式ではなく、作成手順をゼロから解説してみました。今回の解説を理解しても、それは論文の作り方が「分かる」に過ぎません。皆さんは、「わかる」を「できる」にしなくてはなりません。それには、過去問に独自にヒネリを追加した過去問を題材に論文を書き、管理職の添削指導を受けることが重要です。しっかり添削指導を受けましょう。そして、ぜひ合格のお知らせを受け取ってください。

第4節 論文添削

論文 1

都では、東京での発生が懸念される首都直下地震のみならず、近年、頻発化・激甚化する風水害等の様々な自然災害への備えが求められています。安全・安心な東京を実現するため、都はどのような施策を行うべきか、次の（1）、（2）に分けて述べてください。

（1）安全・安心な東京を実現していく上での課題は何か、資料を分析して課題を抽出し、簡潔に述べてください。なお、資料4点のうち、2点以上に触れること。　　　　　　　　　（300字以上500字程度）

（2）（1）で述べた課題に対して、都は具体的にどのような取り組みを行っていくべきか、区市町村や民間団体との連携に触れながら、その理由とともに述べてください。　　　　　（1200字以上1500字程度）

資料 1

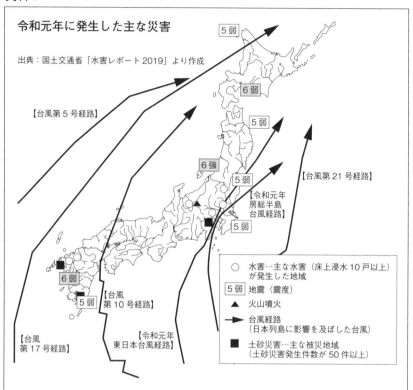

令和元年に発生した主な災害

出典：国土交通省「水害レポート 2019」より作成

【台風第 5 号経路】

【台風第 21 号経路】

【令和元年房総半島台風経路】

【台風第 10 号経路】

【台風第 17 号経路】

【令和元年東日本台風経路】

5 弱　6 弱　5 弱　6 強　5 弱　5 弱　6 弱　5 弱

○ 水害…主な水害（床上浸水 10 戸以上）が発生した地域

5 弱 地震（震度）

▲ 火山噴火

→ 台風経路（日本列島に影響を及ぼした台風）

■ 土砂災害…主な被災地域（土砂災害発生件数が 50 件以上）

首都直下地震により想定される被害
(東京湾北部地震 (M7.3) 冬の夕方 18 時風速 8m ／秒)

死者		9,641 人
原因別	ゆれによる建物全壊	5,378 人
	地震火災	4,081 人
	落下物	4 人
	その他	178 人
負傷者（うち重傷者）		147,611 人（21,893 人）
原因別	ゆれによる建物全壊	125,964 人
	地震火災	17,709 人
	落下物	301 人
	その他	3,637 人
帰宅困難者		5,166,126 人
避難者		3,385,489 人
閉じ込めにつながり得るエレベーター停止台数		7,473 台
災害要援護者死者数		4,921 人
自力脱出困難者		56,666 人

出典：東京都防災会議「首都直下地震等による東京の被害想定報告書」（平成 24 年 4 月）より作成

188

資料2

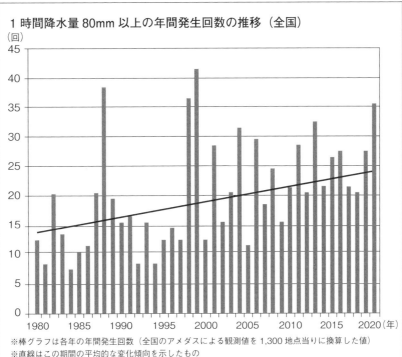

1時間降水量80mm以上の年間発生回数の推移（全国）

※棒グラフは各年の年間発生回数（全国のアメダスによる観測値を1,300地点当たりに換算した値）
※直線はこの期間の平均的な変化傾向を示したもの

出典：国土交通省気象庁ホームページより作成

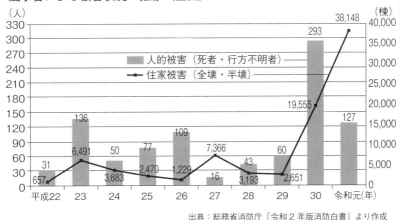

風水害による被害状況の推移（全国）

出典：総務省消防庁「令和2年版消防白書」より作成

189

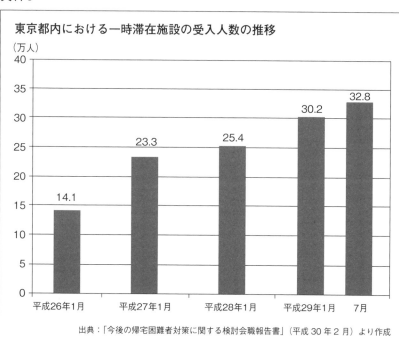

東京都内における一時滞在施設の受入人数の推移

（万人）

出典：「今後の帰宅困難者対策に関する検討会職報告書」（平成30年2月）より作成

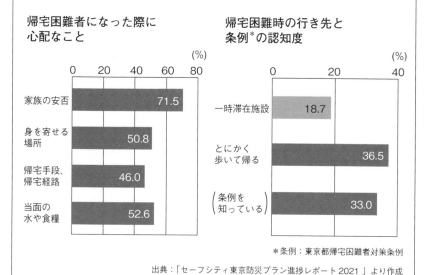

帰宅困難者になった際に
心配なこと

帰宅困難時の行き先と
条例*の認知度

＊条例：東京都帰宅困難者対策条例

出典：「セーフシティ東京防災プラン進捗レポート2021」より作成

資料4

消防団員数の推移（全国）

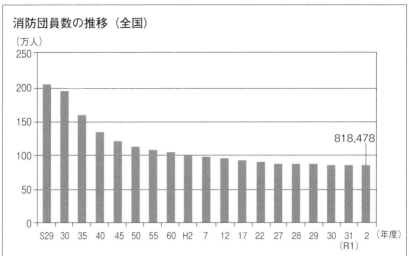

（万人）

818,478

出典：総務省消防庁「消防団の組織概要等に関する調査（令和2年度）の結果及び
消防団員の確保に関する大臣書簡」（令和2年12月）より作成

消防団員の年齢構成比率の推移（全国）

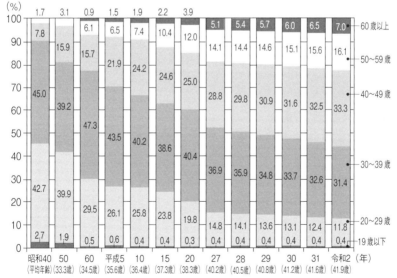

（備考）1「消防防災・震災対策現況調査」により作成
　　　　2　昭和40年、昭和50年は「60歳以上」の統計が存在しない。また、昭和40年は平均年齢の統計が存在しない。

出典：総務省消防庁「令和2年版消防白書」より作成

191

論文例1

（1）

　安全・安心な東京を実現していく上での課題は、以下の3点である。

　第一に、地震火災対策の推進である。資料1によると、首都直下地震による地震火災の死者数の想定は、約45％を占める。首都直下地震の発生可能性が高まっている中、地震火災による被害を抑える対策を行っていくことが急務となっている。

　第二に、風水害対策の推進である。資料2によると、1時間降水量80mm以上の年間発生回数は増加傾向にある。また資料1によると令和元年には、都にも台風が上陸し、大きな被害をもたらしており、風水害による被害軽減のための取り組みをより一層強化していく必要がある。

　第三に、帰宅困難者対策の推進である。資料1及び3によると、首都直下地震が発生した場合の、約516万人の帰宅困難者の発生想定に対し、一時滞在施設の受け入れ人数は約33万人にとどまっている。また一時滞在施設の認知度も約20％と低い。東日本大震災発生時にも都内に多くの帰宅困難者が発生しており、帰宅困難者対策を推進していく必要がある。

（2）

　（1）で述べた課題に対して、都は以下の3点の取り組みを行っていくべきである。

1　地震火災対策の推進

　都はこれまで「木密地域不燃化10年プロジェクト」により対策を講じてきたが、不燃化率が目標値には達しておらず、引き続き地震による火災被害防止のための対策を行っていくことが重要である。

　そこでまず、不燃化特区制度指定の拡大を行う。具体的には、山手線外周部を中心に存在している木造住宅密集地区のうち重点整備地区を都で指定しているが、これを拡大することにより、より幅広い地域にて支援を実施し、燃えない・燃え広がらない都市東京を実現する。

　また、木造住宅の建て替えに要する費用の助成を拡大する。具体的には、木造住宅除却後に新築する住宅の施工費の一部を補助金として助成することや、固定資産税・都市計画税の減免期間を拡大することにより、費用負担の

軽減を図り、不燃化率の向上を図る。

　さらに、木密地域不燃化に成功した事例の普及啓発を行う。具体的には、不燃化特区制度を利用して、整備が完了した地区の整備手法等を分かりやすくまとめたパンフレットを区と連携して作成し、木密地域に配布しHPにて公表する。これにより意識啓発を図っていく。

　こうした取り組みにより、木密地域の不燃化を拡大させ、地震火災対策を推進していく。

２　風水害対策の推進

　都はこれまで、河道整備や調節池を整備するなど風水害への取り組みを行ってきた。ただ、風水害による被害抑制にはハード対策だけでなく、ソフト対策に関する取り組みも求められる。

　そこでまず、デジタルコンテンツを用いた防災教育を推進する。具体的には都立学校にて、災害被害に関するVR・映像コンテンツを用いた授業を行うことや、東京マイ・タイムラインを家庭にて作成する教育を行い、日頃から防災に対する意識や避難行動に備える意識啓発を行う。これにより、災害時に重要な自助に対する意識啓発を行う。

　また、風水害情報の発信強化を行う。具体的には、河川監視カメラを全河川に増設及び最新機器への更新整備を実施し、災害発生時でも鮮明な映像により被害状況を確認できる体制を整える。加えて、その映像をリアルタイムにてHPや東京防災アプリで公開し、災害時の適切な避難行動への誘導を図る。

　これらの取り組みにより、風水害発生時の被害抑制に向けた取り組みを行っていく。

３　帰宅困難者対策の推進

　首都直下地震の発生時に約516万人の帰宅困難者の発生が想定される原因として、一時的に滞在する施設の不足や当該施設に関する認知度の低さが考えられる、

　そこでまず、BCPを未策定の中小企業向けに、専門家派遣事業を実施する。

　この事業ではBCPの策定だけにとどまらず、策定したBCPの実践に必要な備蓄品購入まで引き続きコンサルティングを行う実効性の高い支援を実施し、災害発生時にも従業員が一時的に滞在できるよう都内中小企業の事業継

第**3**章

論文攻略法

193

続体制を確保する。

また、民間一時滞在施設への支援を行う。民間事業者が行う一時滞在施設の運営には備蓄品の購入、備蓄倉庫等の整備に要する費用の補助上限額の引き上げを行う。

新たに一時滞在施設の設置を行う事業者に対しては事業税の減免を実施し、一時滞在施設の設置や運営に係る費用補助を実施する。

さらに、情報発信体制の強化を行う。具体的には、都や民間にて開設する一時滞在施設の開設状況や混雑状況を迅速に情報収集し、HPや防災アプリ等で都民向けに情報発信できるようシステム開発を行う。これにより、帰宅困難者の避難先確保やコロナ禍における密集緩和に向けた情報発信体制を整える。

これらの取り組みにより、帰宅困難者対策を推進していく。

4　安全・安心な東京の実現に向けて

以上の取り組みを推進していくことにより、安全・安心な東京の実現に向けた取り組みを行っていくべきである。

解説

令和6年度から主任級の論文試験では、これまでの「都政もの」と「職場もの」から選択する方式から改められ、「都政もの」の2種類から一つのテーマを選ぶ方式に変更されます。

「都政もの」では、これまでに「観光」「スポーツ振興」「高齢者の活躍推進」「環境」「防災」など、都政に関する幅広いテーマで出題されており、日頃から「『未来の東京』戦略」や「シン・トセイ4」、各局の主要計画、都のプレスリリース、報道などをよく確認し情報収集しておく必要があります。

「都政もの」では、(1)では、資料を分析し、課題を抽出することが求められます。都や国の調査などから作成された表やグラフ4〜6種の資料から課題を抽出します。

(2)の自らの施策提案を論じる問題で、令和6年度から「○○に触れながら〜」の要求が新たに入ることになります。都人事委員会が公表している例題では、区市町村や民間団体などとの連携について触れながら論文を作成することを求めています。

194

　論文作成のための練習の際にも、区市町村や民間事業者など都の施策に関係する他団体との連携の視点を常に持つことを意識し、練習に取り組みましょう。また、DXなど新たな技術の活用や、国際競争力の強化に関する事項が求められる可能性もあります。どのような主題にも対応できるよう、情報収集は欠かせません。

　主任級職員には、これらの視点で課題を抽出、分析し、現実的かつ具体的な解決策に向けた問題意識や問題解決力はもとより、論理的な記述や分かりやすい表現力が求められます。論文試験においては、これらを検証するため、課題文に資料等を添付し、詳細な状況設定を行う出題形式となっています。

　論文の作成にあたっては、（1）で課題を設定し、（2）でその解決策を提示します。

　急く気持ちを抑え、いきなり論文を書き始めるのではなく、まずは課題文、資料を読み込み、課題と現実的な解決策をメモにまとめてみましょう。ここでは、課題と解決策が論理的に筋の通ったものになっているかがポイントになります。そのうえで、自分が主任としてどのような役割を主体的に果たすことができるのかを抽出してみてください。試験前に、テーマとなりそうな想定を準備し、課題とその解決策を試験本番と同じ時間内で書き上げる練習をしておくと、試験当日にも落ち着いて試験に臨むことができると思います。

講評

　出題は、東京での発生が懸念される首都直下地震のみならず、近年、頻発化・激甚化する風水害等の様々な自然災害への備えを踏まえて、安心・安全をどのように実現するかという、とても重要な課題を取り上げています。都民の安全・安心をどのように確保するのかを常に念頭に置いて論文対策に臨んでください。

　（1）では、「地震火災対策の推進」とともに、「風水害対策の推進」「帰宅困難者対策の推進」の3点を掲げています。設問にある安全・安心な東京を実現していくとの視点を踏まえて、丁寧に資料を分析し、明確な問題意識のもとに課題を的確に抽出しています。

（2）では、主任として課題の解決に向けてどのように取り組むのかについて、より具体的な解決策を提示しています。

　論文全体を拝見し、事前の対策をしっかりと立てて、論文を作成しているという印象を受けました。

　1では、「木密地域不燃化10年プロジェクト」にも言及し、不燃化特区度指定の拡大や木造住宅除却後の建て替え補助の拡充や固定資産税、都市計画税の減免期間拡大等、具体的に記述されています。

　これらの他にも、迅速な消火活動に支障を及ぼしかねない細街路対策や地震・風水害時の電柱倒壊を防ぎ、災害時の円滑な対応を行うための無電柱化等についても触れても良いと思います。

　2では、都が取り組む風水害対策として、ハード面だけではなくソフト面での対策として、VRや映像等のデジタルコンテンツを用いた授業を行うことや、東京マイ・タイムラインを活用した意識啓発等が掲げられています。この他にも、都民一人ひとりの備えや地域の活動等のソフト対策等の切り口で課題と解決策を用意しておいても良いでしょう。

　3では帰宅困難者対策にあたって、BCP未策定の中小企業向けに、専門家を派遣するとともに、事業継続体制を確保することが述べられています。加えて、民間一時滞在施設の確保や施設事業者に対する事業税減免、備蓄品の確保に伴う補助上限額の引き上げと具体的な提案を行っています。

　災害発生時の都民に対する情報発信体制強化についても記載がありますが、欲を言えば、都民はもとより東京を訪れる人が発災時に適切かつ迅速に情報を入手できる環境を強化することや、民間と地域が連携した取り組みなどの対応について触れても良いかも知れません。

　新形式の要求への答えとしては、1では区と連携した啓発活動に、3で民間一時滞在施設の確保に向けた補助などに触れています。人事委員会からは、要求を論文の趣旨とする必要はない旨が説明されています。要求には触れながら、それに捉われすぎることなく論文を完成させましょう。

　実際に、都政における課題を把握して、その解決策を提示し、自らが課題解決に率先して取り組むことが主任の役割です。問題意識、主体的な取り組み姿勢、発想力・想像力、論理展開、表現力に注意して論文対策を進めてください。

論文２

　通信技術、情報処理技術、インターフェースといったデジタル技術の進展により、これまで主にインターネットの中で起きていた変化が、様々な場面に及ぶこととなりました。さらに、新型コロナウイルス感染症拡大の影響を受け、社会経済環境は大きく変化しています。こうした状況を踏まえ、現在、DX（デジタルトランスフォーメーション）があらゆる場面で求められていますが、都全体としてDXを推進し、都民の利便性や都市としての競争力を高めていくためにどのような取り組みを行うべきか、次の（１）、（２）に分けて述べてください。

（１）都全体のDXを推進するにあたっての課題は何か、資料を分析して課題を抽出し、簡潔に述べてください。なお、資料３点のうち、２点以上に触れること。　　　　　　　　　　（300字以上500字程度）
（２）（１）で述べた課題に対して、都は具体的にどのような取り組みを行っていくべきか、区市町村や政策連携団体、民間団体など、多様な主体との連携に触れながら、その理由とともに述べてください。
　　　　　　　　　　　　　　　　　　（1200字以上1500字程度）

第３章　論文攻略法

資料１　各国・都市のデジタル化について

都市全体のデジタル化	デジタル/オープンガバメント	モビリティ	キャッシュレス
SMART CITY GOVERNMENT RANKINGS Eden Strategy Institute, ONG&ONG	E-Government Development Index 2018 国連	Urban Mobility Index 3.0 Arthur D. Little	キャッシュレス決済比率 経済産業省「キャッシュレスビジョン」※同調査では11ヶ国のみ比較（2015年）
1位 ロンドン	デンマーク	シンガポール	韓国 89.1%
2位 シンガポール	オーストラリア	ストックホルム	中国 60.0% (Alipay, WeChatPayのみ含む参考値)
3位 ソウル	韓国	アムステルダム	カナダ 55.4%
4位 ニューヨーク	イギリス	コペンハーゲン	イギリス 54.9%
5位 ヘルシンキ	スウェーデン	香港	オーストラリア 51.0%
6位 モントリオール	フィンランド	ウィーン	スウェーデン 48.6%
7位 ボストン	シンガポール	ロンドン	アメリカ 45.0%
8位 メルボルン	ニュージーランド	パリ	フランス 39.1%
9位 バルセロナ	フランス	チューリッヒ	インド 38.4%
10位 上海	日本	ヘルシンキ	日本 18.4%
11位 サンフランシスコ	アメリカ	東京	ドイツ 14.9%
⋮ 東京(28位)	⋮		

出典：東京都「スマート東京実施戦略」

資料2　中小企業における IT ツールごとの利活用状況

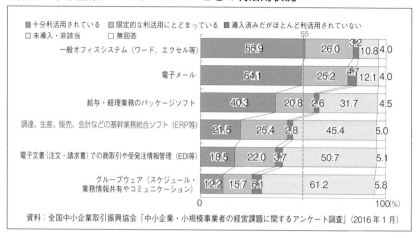

凡例：■十分利用されている　□限定的な利活用にとどまっている　■導入済みだがほとんど利活用されていない　□未導入・非該当　□無回答

	十分利用されている	限定的な利活用にとどまっている	導入済みだがほとんど利活用されていない	未導入・非該当	無回答
一般オフィスシステム（ワード、エクセル等）	55.9	26.0	3.2	10.8	4.0
電子メール	54.1	25.2	4.7	12.1	4.0
給与・経理業務のパッケージソフト	40.3	20.8	2.6	31.7	4.5
調達、生産、販売、会計などの基幹業務統合ソフト（ERP等）	21.5	25.4	2.8	45.4	5.0
電子文書（注文・請求書）での商取引や受発注情報管理（EDI等）	18.5	22.0	3.7	50.7	5.1
グループウェア（スケジュール・業務情報共有やコミュニケーション）	12.2	15.7	5.1	61.2	5.8

資料：全国中小企業取引振興協会「中小企業・小規模事業者の経営課題に関するアンケート調査」（2016年1月）

資料3　企業がクラウドサービスを利用しない理由

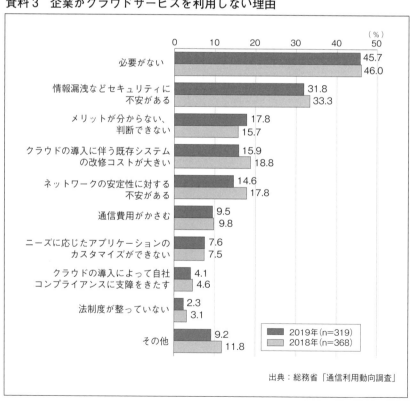

	2019年(n=319)	2018年(n=368)
必要がない	45.7	46.0
情報漏洩などセキュリティに不安がある	31.8	33.3
メリットが分からない、判断できない	17.8	15.7
クラウドの導入に伴う既存システムの改修コストが大きい	15.9	18.8
ネットワークの安定性に対する不安がある	14.6	17.8
通信費用がかさむ	9.5	9.8
ニーズに応じたアプリケーションのカスタマイズができない	7.6	7.5
クラウドの導入によって自社コンプライアンスに支障をきたす	4.1	4.6
法制度が整っていない	2.3	3.1
その他	9.2	11.8

出典：総務省「通信利用動向調査」

論文例2

（1）

　資料から、都全体のDXを推進するにあたっての課題として、以下の3点が挙げられる。

　第一に、都政のデジタル化である。資料1より、東京・日本がデジタル・オープンガバメント、モビリティ、キャッシュレス等の各分野で低迷していることが読み取れる。デジタルを活用しあらゆる行政プロセスを抜本的に見直すことで、都民サービスの付加価値を高めるとともに、都職員の生産性向上を実現する。

　第二に、民間事業者のデジタル化の推進である。資料2より、中小企業のIT活用は必要最低限のものが中心であり、それすらも未導入の企業があることが分かる。また資料3からは、多くの企業がクラウドサービスの必要性を認識していないことが読み取れる。デジタル化の必要性について情報発信するとともに、デジタル化の支援を行うことで、民間事業者のデジタル化を着実に進めていく。

　第三に、中小企業のICTに関する知識・技能の向上である。資料3によると、中小企業がクラウドサービスを導入しない理由として必要性を感じない、メリットが分からないなどの回答が上位を占めており、人材不足によりICTの知識・技能が乏しいことが考えられる。中小企業の将来を見据えたICT人材育成の実施及び支援を行うことにより、都全体のデジタル化を進める。

（2）

　都全体としてDXを推進し、都民の利便性や都市としての競争力を高めていくために、都は以下の取り組みを展開していくべきである。

1　都政のデジタル化

　都はこれまでも、平成29年12月に策定した「東京都ICT戦略」に基づき、ICTの効果的な活用による「3つのシティ」の実現に取り組んできた。また、新型コロナウイルス感染症への対応として、職員のテレワークやオンライン会議を積極的に行う等、取り組みを重ねているが、都政のデジタル化はいまだ道半ばである。

第3章　論文攻略法

199

そこで都は、都民・事業者から都に対する各種申請をワンストップ・オンラインで実施できるよう整備を進める。また、都庁内の内部管理事務について、デジタル活用を前提として業務プロセスを抜本的に見直すとともに、クラウド等を活用した未来型のオフィス空間を都庁舎内に創出する。

　これらの取り組みにより、都民サービスの付加価値を高めるとともに、都職員の生産性向上を実現する。

２　民間事業者のデジタル化推進

　民間事業者においては、新型コロナウイルス感染症の影響も踏まえ、大手企業を中心にデジタル化やDXの動きが出てきているが、特に中小企業ではデジタル化に向けたノウハウや資金が不足しているばかりか、デジタル化の必要性すら認識されていないケースも多いのが現状である。

　そこで都は、中小企業振興公社等とも連携しながら、中小企業診断士等の専門家による支援・相談体制を充実させ、事業者の状況に応じた助言やデジタル活用の成功事例等のノウハウ提供を継続的に実施する。あわせて、ICTツールの導入やIoT化に必要な設備投資を行う際に活用できる、助成金や融資制度を充実させることにより、資金面においても民間事業者を支援する。さらに、外部有識者とも連携し、経営者及び従業員にデジタル化の必要性を伝え、経営者等の意識改革を促すためのセミナーを開催し、デジタル化の機運を高めていく。

　これらの取り組みにより、民間事業者のデジタル化を推進し、民間事業者の生産性向上や新たな顧客価値・顧客体験創出に向けた環境整備を実現する。

３　中小企業の人材確保

　都全体の民間事業者のデジタル化を推進するためには、制度・仕組みを構築するだけでは不十分であり、東京の企業の大半を占める中小企業の人材の確保・育成が必要不可欠である。しかし、行政・民間を問わず、デジタル化を担う人材は不足しているのが現状である。

　そこで都は、民間教育機関等と連携しながら、中小企業がICTに関する知識・技能を身に付けるためのプログラムを提供することに加え、ICT専門職向けの就職面接会を開催することにより、求職者と企業とのマッチングを支援する。また、従業員にリスキルの機会を提供する民間事業者に対し助成金を支給する制度を整えるとともに、都立大学を社会人の学び直しの場として活用することにより、就職後も知識・技能を最新のものとするリスキリン

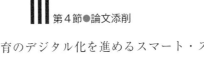

グを推奨していく。さらに、教育のデジタル化を進めるスマート・スクール・プロジェクトを拡充し、端末の配備やICT支援員の配置等、児童・生徒一人ひとりがデジタルについて学ぶ環境を整備することで、都民全体のICTスキルの底上げを図る。

　こうした取り組みにより、デジタル人材の確保・育成を長期的・安定的に行い、都全体のデジタル化、さらにはDXを推し進めていく。

解説

　今回は都全体でDXを推進していくための課題及び取り組みに係る出題となっています。

　まず、提示された資料から適切に課題を抽出することが重要ですが、大まかな問題意識は持つことはできるものの、実際に論文に落とし込むことに苦労する人もいるかもしれません。提示すべき解決策をイメージしながら課題を抽出するようにすると、書きやすいでしょう。もちろん、解決策は望ましい効果につながり、さらに論文全体のテーマにつながっている必要がありますので、最終的なゴールを見据えて課題の抽出を行うよう、心掛けてください。

　次に、質の高い論文を作成するためには、都政に関する幅広い情報をインプットすることが必要です。同じような構成の論文が複数あった場合に、具体的な施策・情報を正確に記載できている方が説得力は高まります。知事の所信表明や報道発表等、日頃から情報収集に努めてください。試験のためだけではなく、職務の幅を広げ、また円滑に実施するためにも、常にアンテナを高くしておくとよいでしょう。

　アウトプットを行うにあたり、例えば（2）であれば「全体で約1500字、一つの取り組みが約450字、取り組みのうち最初の100〜150字程度で現状分析、250〜300字程度で解決策、50字程度で効果」といったように、大まかな論文の構成を意識しておくと、作成しやすいことはもちろん、採点者にとって読みやすい論文となるでしょう。試験本番も、論文の全体構成を意識したメモ（レジュメ）をまず作成することが、限られた時間でバランスの良い論文を仕上げることにつながると考えます。

　なお、自分一人の考えだけではどうしても偏りが出る可能性があるため、

職場の上司や先輩の添削を受けることは重要です。ただし、人により考え方が異なるのも事実ですので、全ての人の全ての意見を取り入れようとはせず、アドバイスを自分なりに咀嚼し、うまく取り入れることを意識しましょう。

講評

　（1）については、都民サービスも含めた都政のデジタル化、民間事業者のデジタル化推進、それらを推進するため人材の確保・育成という3点がバランスよく抽出されています。表現方法等が多少異なっていても、最終的に都全体のDX推進といったテーマ（ゴール）につながる課題設定ができていれば、問題ありません。

　（2）では、令和6年度の出題より「○○について触れながら」という指示が追加されます。今回の例題では区市町村・政策連携団体・民間団体の3つを提示しましたが、論文例ではうち2つを取り上げた上で、3つの取り組みについて論じています。

　いずれの取り組みも現状分析、解決策、効果のセットで構成されており、文字数についてもおおむねバランスが取れているため、採点者から見ても読みやすい論文となっている印象です。

　解決策の内容自体にはあまり目新しさはありませんが、デジタル化やDXに向けて必要性が高いと感じられる施策を記載できていますので、合格ラインではあると考えます。自らの職務経験や国の施策内容等を踏まえ、現在都で実施できていない施策を解決策として提案できれば、なお良いでしょう。また、論文例では「シン・トセイ4」には触れられておりませんが、こうした都の主要計画には触れながら論じた方が良いでしょう。今回のテーマであるデジタル化のみならず、「都政もの」で出題されるテーマは都が直面している課題であり、関連する主要な計画はこまめに確認し、自らの知識のバージョンアップを図りましょう。

論文３

　令和７年には「団塊の世代」が75歳以上の後期高齢者となるなど、高齢化がさらに進む見込みとなっています。そこで、高齢者が安心して暮らせる社会を実現するためには、どのような取り組みを行うべきか。次の（１）、（２）に分けて述べてください。

（１）東京の高齢者施策における課題は何か、資料を分析して課題を抽出し、簡潔に述べてください。なお、資料４点のうち、２点以上に触れること。　　　　　　　　　　　　　　　　　（300字以上500字程度）

（２）（１）で述べた課題に対して、都は具体的にどのような取り組みを行っていくべきか、区市町村や政策連携団体などとの連携の視点に触れながら、その理由とともに述べてください。

（1200字以上1500字程度）

資料1　65歳健康寿命の推移（東京都）

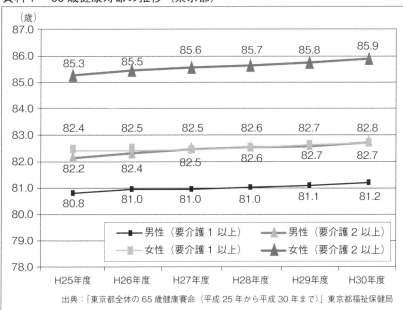

出典：「東京都全体の65歳健康寿命（平成25年から平成30年まで）」東京都福祉保健局

資料2 健康寿命の推移（全国・東京都）

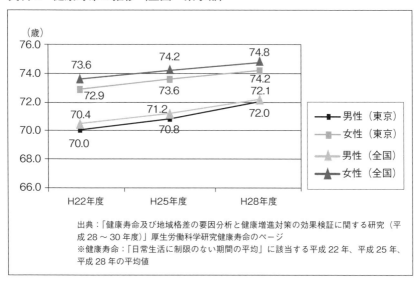

出典:「健康寿命及び地域格差の要因分析と健康増進対策の効果検証に関する研究（平成28～30年度）」厚生労働科学研究健康寿命のページ
※健康寿命:「日常生活に制限のない期間の平均」に該当する平成22年、平成25年、平成28年の平均値

資料3 介護職員の需要・供給推計結果の比較

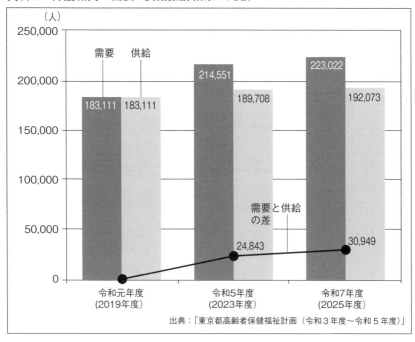

出典:「東京都高齢者保健福祉計画（令和3年度～令和5年度）」

資料４　在宅療養の希望の有無

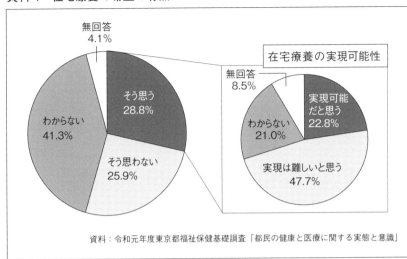

無回答
4.1%

そう思う
28.8%

わからない
41.3%

そう思わない
25.9%

在宅療養の実現可能性

無回答
8.5%

実現可能
だと思う
22.8%

わからない
21.0%

実現は難しいと思う
47.7%

資料：令和元年度東京都福祉保健基礎調査「都民の健康と医療に関する実態と意識」

論文例３

（１）

　東京は今後も高齢化が進み、社会保障費の増大など様々な問題が発生すると見込まれる。こうした中で、東京の高齢者施策には３つの課題がある。

　１点目は高齢者の健康づくり対策である。高齢者が安心して暮らしていくとともに今後増大する医療費を抑制するためには、高齢者が健康に生活できる社会を実現していく必要がある。資料１によると、東京の65歳の健康寿命は延びている傾向にある。しかし、資料２によると、東京の健康寿命は全国平均よりやや低い傾向にあり、健康寿命のさらなる延伸が求められる。

　２点目は超高齢化社会に対応した療養環境の整備である。医療と介護が必要になっても、住み慣れた地域で暮らし続けていくためには、地域の在宅療養体制の整備が必要である。しかし資料４より、在宅療養を希望する都民のうち47.7%は自宅での療養の実現は難しいと考えており、対応が必要である。

　３点目は介護関係人材の確保である。介護関係職種は他職種に比べ有効求人倍率が高い状況だが、資料３より、今後さらに需給バランスが崩れていくことが想定され、介護関係人材確保が急務である。

　以上の課題を解決し、高齢者が地域で支え合いながら、安心して暮らし続

けることができる都市を実現することが、今後の東京の高齢者対策における課題である。

（2）

　高齢者が安心して暮らし続けることができる都市を実現するため、（1）で述べた課題に対して下記の取り組みを行っていく必要がある。

1　健康寿命の延伸

　平均寿命と健康寿命に大きな差がある原因として、これまでフレイルやロコモティブシンドロームといった未病者に対する対策が十分に実施されてこなかったことがある。

　そこで、高齢者の健康づくりに向けた取り組みを強化する。具体的には運動機能の低下や口腔機能の低下を防ぐため、訪問看護ステーションと連携して高齢者への栄養指導強化を行う。さらには口腔保健センター等とも連携し、フレイルの方への口腔保健指導を強化する。これらの取り組みにより、低栄養や筋量低下等による身体機能の低下や、生活習慣病の重症化を予防する。

　もっとも、高齢者の健康づくりにおいては社会参加の促進なども重要となる。そこで、高齢者が積極的に外に出るように、大学等と連携して高齢者向けの健康づくり講座を開催する。さらには高齢者向けのスポーツ大会を実施・支援する区市町村へ補助を行う。

　これらの取り組みにより、高齢者が健康を維持し、生涯を通じて健康でいられるような社会を実現する。

2　住み慣れた地域で暮らせる環境整備

　都はこれまで在宅療養の普及に向けて、医師等に対する研修の実施や、在宅医療の地域支援主体である区市町村への支援などを行ってきた。しかし地域間で環境の整備状況にばらつきがあり、特にICTの利活用や多職種間の連携などはまだ十分とは言えない。

　そこで都は、これまで以上に地域における医療と介護の連携に向けた取り組みを推進する。具体的にはICTを活用して、地域の医療・介護関係者等が在宅療養患者の体調変化等の情報を観点に共有できる多職種連携の仕組みを構築し活用を促進する。また、地域内で病院の垣根を越えて電子カルテなど患者情報を共有できるネットワークについても開発費用を支援するとともに、普及啓発等により活用を促進する。

これらの取り組みにより、広域支援の観点から区市町村間格差をなくし、在宅療養患者の負担を軽減することで、在宅療養が身近なものとなるような環境を整備していく。

3　介護関係人材の確保・定着

介護職には、体力的・精神的にきつく賃金水準が低いというイメージが生じていることなどにより人材確保が難しくなっているほか、キャリアパスの仕組みが十分でない点や重い業務負担などが原因で、離職率が高くなっている。

そこで都は、マイナスイメージを払拭するために、イメージの転換に取り組む。具体的には、働きやすい職場環境づくりに取り組む事業所の公表や、介護職の魅力を発信する普及啓発等により、介護職の仕事内容が正しく伝わるよう見える化に向けた取り組みを行う。また、介護キャリア段位制度等を活用して、キャリアパスの導入に取り組む介護事業者に経費支援を行うほか、ICTを活用して業務負担を軽減する事業者に対してその取り組みを表彰し、都のHPで公表することで他の事業者へも普及させる取り組みを行う。

また、結婚や出産を機に職場を離れてしまうケースも想定し、介護関係職種の子どもが保育所に優先して入れるような支援制度を整備するほか、離職した後でも、子育て終了後などに復職する際に研修を行うなど復職支援環境を整備する。

これらの取り組みにより、介護関係人材を安定的に確保できる態勢を整え、今後の更なる需要の増大に備える。

東京は今後、急速に高齢化が進むことが見込まれている。このような中でも都は、高齢化に着実に対応することで、誰もがいきいきと暮らし、活躍できる都市を実現していかなければならない。

解説

令和6年度の選考から出題形式が変更され、「職場もの」の論文が廃止され、いわゆる「都政もの」の2テーマから一つを選択する方式になります。日頃から都のHPや「『未来の東京』戦略」、「シン・トセイ4」、知事の所信表明などをチェックし、様々な都政課題に対して自分なりの問題意識も持つことが必要です。また、「都政もの」で求められる回答は、いずれも具体的

な施策であり、抽象的・概念的な記述では題意を満たすことは難しく、具体的な記述が求められていました。

　まず、問題（1）では、資料を分析し、事実関係を十分に押さえ、そこから課題を抽出していく必要があります。幸い事実関係を押さえるファクトとして、資料が提示されています。この資料を分析して課題を抽出し、さらに、全体の構成を考える「ヒント」として活用しましょう。

　次に、問題（2）では、問題（1）で抽出した課題について、解決策を論じていきます。問題（1）、（2）共通ですが、分かりやすい表現で論理的に展開しなければなりません。そのためには、いきなり書き始めるのではなく、（1）、（2）を通じた全体の展開、論理構成を考え、レジュメを作成することが必要です。

　また、令和6年度の選考から「〇〇の視点に触れながら」という指定がなされます。指定には必ず応える一方で、都人事委員会からは、視点に関する文章量の過多で合否が決まるわけではないという考え方も示されています。そのため、これらの指定も論文を道筋立てるための「ヒント」として考え、施策を考える練習をする際も、区市町村やその他の主体との連携を視野に入れながら考えましょう。

▎講評

　以下、論文例を添削していきます。

　（1）について、提示された資料にバランスよく触れ、また、区市町村などとの連携についても触れられています。1点目については、東京の65歳健康寿命と、東京と全国の健康寿命の比較について述べ、東京の現状の課題を指摘しています。

　2点目については、（2）での展開を見据え、「住み慣れた地域で暮らせる環境整備が必要である」などとして結び、課題と解決策を一致させておきましょう。3点目については、無理に有効求人倍率に触れず、需給ギャップが広がっていくことを指摘するだけでも十分だと思います。

　（2）については、2点目がやや他と比べて分量が少ない印象を受けるものの、全体として十分な水準の論文といえます。以下、具体的に見ていきます。

　まず、1点目の「健康寿命の延伸」について述べる部分です。（1）と同様、平均寿命について述べる必要はないものの、「フレイル」や「ロコモティブシンドローム」と言ったやや専門的な用語からこの分野への理解の深さがうかがえます。なお、必ずしも専門的な用語を暗記して、書く必要はありませんが、文字数の節約や文章を締まったものにする効果はあるかもしれません。

　2点目の「住み慣れた地域で暮らせる環境整備」です。こちらも、（1）で課題を「在宅医療」に絞ったかのような印象を与えてしまうと、課題と解決策の間にギャップを感じてしまいます。（1）の書き方を工夫することで、（2）の解決策と一致させることをレジュメ作成時に気をつけてください。

　3点目の「介護関係人材の確保・定着」については、最も文字数を割いて記載していますが、バランスを失するというほどではなさそうです。リード文と解決策もきれいにリンクしており、読みやすくできています。

　「締め」の部分については、過不足なく書かれていますが、出題が「高齢者が安心して暮らせる社会を実現するため」の取り組みを問うているので、シンプルに出題文にリンクさせ、表現をそのまま使ってもいいと思います。

　全体を通して、分かりやすい表現で論理的に展開できています。「そこで」「具体的には」「これらの取り組みにより」などの、文章を接続する言葉を各パラグラフで繰り返し使用し、論理展開を統一していることが読みやすさにつながっているようです。

　最後に、今回の出題方式の変更で戸惑っている人も多いと思われます。特に、従来からの「職場もの」で論文を準備していた人にとっては非常に困惑するものだったでしょう。ただ、「都政もの」の論文対策で身に付く知識や力は、都政人として今後も必要なものばかりです。諦めることなく、積極的に「都政もの」に挑戦してみてください。

第3章　論文攻略法

論文4

　人々のライフスタイルが変化する中、様々な分野においてより一層の女性活躍が求められている。女性が自らの希望に応じた生き方を選択し、自分らしく輝いている都市を実現するためには、都はどのような取り組みを行うべきか、次の（1）、（2）に分けて述べてください。

（1）女性が自ら選択し、輝くことができる社会環境を整備する上での課題は何か、資料を分析して課題を抽出し、簡潔に述べてください。
　　なお、資料4点のうち、2点以上に触れること。

（300字以上500字程度）

（2）（1）で述べた課題に対して、都は具体的にどのような取り組みを行っていくべきか、民間事業者や区市町村などとの連携の視点に触れながら、その理由とともに述べてください。

（1200字以上1500字程度）

資料1　女性の就業率の推移

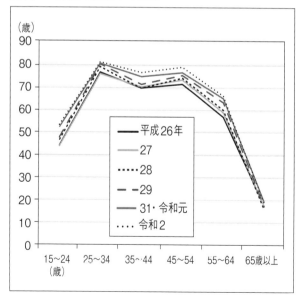

資料2　2023年の
ジェンダー・ギャップ指数

1	アイスランド	0.912
2	ノルウェー	0.879
3	フィンランド	0.863
4	ニュージーランド	0.856
5	スウェーデン	0.815
6	ドイツ	0.815
7	ニカラグア	0.811
8	ナミビア	0.802
9	リトアニア	0.800
10	ベルギー	0.796
15	イギリス	0.792
40	フランス	0.756
43	アメリカ	0.748
105	韓国	0.680
107	中国	0.678
125	日本	0.647

出典：世界経済フォーラム
「グローバル・ジェンダー・
ギャップ報告書」

資料3　育児休業取得率の推移

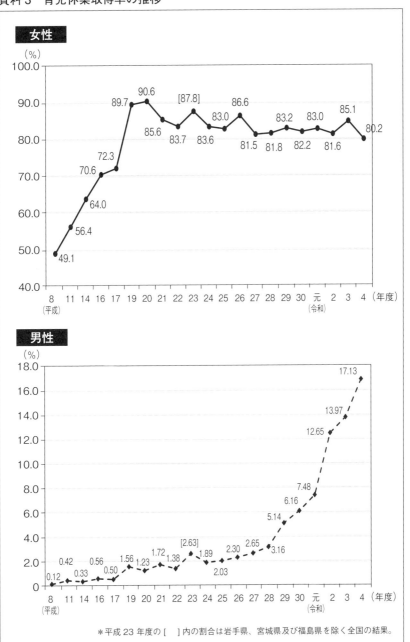

女性

（%）

89.7　90.6　[87.8]　86.6　83.0
85.6　83.7　83.6　　81.5　83.2　83.0　85.1
　　　　　　　　　　　　　81.8　82.2　81.6　80.2

72.3
70.6
64.0
56.4
49.1

8　11　14　16　17　19　20　21　22　23　24　25　26　27　28　29　30　元　2　3　4（年度）
（平成）　　　　　　　　　　　　　　　　　　　　　　　　　（令和）

男性

（%）

17.13
13.97
12.65
7.48
6.16
5.14
3.16
[2.63]
2.65
2.30
2.03
1.89
1.56　1.72　1.38
0.12　0.42　0.33　0.56　0.50　1.23

8　11　14　16　17　19　20　21　22　23　24　25　26　27　28　29　30　元　2　3　4（年度）
（平成）　　　　　　　　　　　　　　　　　　　　　　　　　（令和）

＊平成23年度の［　］内の割合は岩手県、宮城県及び福島県を除く全国の結果。

第**3**章

論文攻略法

資料4 役職別女性管理職等割合の推移（企業規模10人以上）

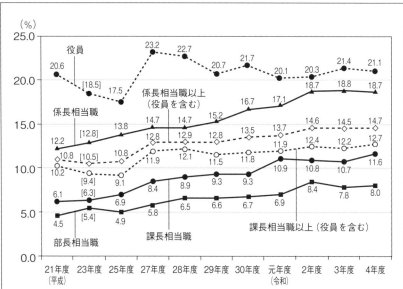

＊平成23年度の[　]内の割合は岩手県、宮城県及び福島県を除く全国の結果。

（参考）企業規模30人以上における役職別女性管理職等割合の推移（%）

	課長相当職以上（役員を含む。）	係長相当職以上（役員を含む。）	役員	部長相当職	課長相当職	係長相当職
平成21年度	6.3	8.0	13.6	3.1	5.0	11.1
23年度	[6.8]	[8.7]	[13.9]	[4.5]	[5.5]	[11.9]
25年度	6.6	9.0	13.1	3.6	6.0	12.7
27年度	7.8	10.2	16.0	4.3	7.0	13.9
28年度	8.7	10.4	15.7	5.4	7.9	13.8
29年度	8.9	11.1	16.0	5.4	8.6	14.5
30年度	8.7	11.4	15.4	5.1	8.4	15.9
令和元年度	9.5	12.2	13.6	5.5	10.3	16.6
2年度	9.7	12.9	14.6	6.2	10.1	17.9
3年度	9.5	12.8	16.1	6.1	9.5	18.3
4年度	10.0	12.9	15.0	6.1	10.5	17.8

＊平成23年度の[　]内の割合は岩手県、宮城県及び福島県を除く全国の結果。

出典：厚生労働省「令和4年度雇用均等基本調査」

論文例 4

（1）

　女性が自ら選択し、輝くことができる社会環境を整備する上での課題は、以下3点である。

　第一に、女性の就業促進である。資料1の通り、女性の就業率は上昇している傾向にあるが、20〜30代で減少する傾向にある。これは、結婚・出産・育児を機に仕事を辞める人が多いことが起因している。女性がライフスタイルに合わせて働くことができる就業環境を整備していかねばならない。

　第二に、男性の育児に対する参加促進である。資料3の通り、男性の育児休業率は近年上昇し、特に令和元年度から令和4年度にかけて2倍強に増加しているが、いまだ20％未満と低い状況である。このため、女性に育児の負担が生じている。女性が自らの希望に応じた生き方を選択できるよう、仕事をしながら男性が積極的に育児に参加できる環境を整備する必要がある。

　第三に、女性の社会的地位の向上である。資料4の通り、企業規模10人以上の企業において、令和4年度時点の女性管理職の割合は、21％程度またはそれ以下である。資料2のとおり、最新のジェンダー・ギャップ指数では日本は125位となり、女性は男性と完全平等とはほど遠い。女性が、自分らしく輝き続け、社会で活躍できるよう取り組んでいく。

（2）

　都は、（1）で挙げた課題を解決するために、以下3点に取り組む。

1　多様な働き方の創出及び再就職支援

　女性就業が促進されるために、仕事と育児とを両立しながら働ける職場環境の整備及び女性の再就職時におけるスキル面での不安解消について図っていく必要がある。

　前者については、保育施設設置を推進する。そのために、待機児童が多い地域及び保育施設設置が進んでいない地域を優先的に、事業者及び区市町村に対して、都有地の定期借地を行い、地価が高い東京での保育施設整備を支援する。また、時間及び場所に制限されず柔軟に働けるよう、企業のテレワーク導入を支援する。大企業よりもテレワーク実施率が低い中小企業に対して、テレワーク機器購入経費を補助し、導入を促進する。さらに、女性が自

第3章　論文攻略法

213

らの希望に応じた就職ができるよう、仕事と育児の両立支援を積極的に行っている企業の説明会を開催する。説明会では、個別カウンセリングの場を設け、女性と企業のマッチングを強化する。

　一方、後者については、仕事のブランクがある女性に対して、育児の隙間時間に学習ができるよう、民間企業が実施するオンライン講習を提供し、スキルアップを通じて、女性の再就職を後押しする。

　以上の取り組みにより、ライフスタイルが変化しても女性が働き続けられる環境が整備され、女性がいつまでも輝き続けることができる。

2　男性の育児・家事への参加促進

　男性の育児参加を促進するために、男性が育児休業を取得しやすい職場風土形成及び育児への男性の意識向上に取り組む必要がある。

　そこで、男性の育児参加に関する職場風土形成を希望する企業に対して、専門コンサルタントを派遣し、育児休業制度導入及び育児休業を取得しやすい雰囲気作りに関する助言を行う。また、都は男性の育児参加について優れた取り組みを行った企業を表彰する。そして、取り組みについて都HP及びSNSで紹介し、他企業を後押しすることで、男性の育児・家事参画に対する社会全体の機運を醸成していく。

　さらに、男性の育児・家事に対する意識を向上させるために、男性向け育児・家事アプリを配信する。アプリは、都の栄養士が監修した栄養満点の簡単自炊レシピ及び育児・掃除・洗濯等家事に関するコツ動画について、配信する。

　以上の取り組みにより、夫婦が協力して家事・育児を行うことで、女性が自らの希望に応じた生き方を選択できる社会の実現に近づく。

3　女性の活躍推進

　女性の社会的地位を向上させるために、企業に対する積極的な女性管理職登用支援及びキャリアアップに対する女性の意欲を引き出す必要がある。

　そこで、企業の積極的な女性管理職登用を支援するため、企業の管理職及び女性活躍推進に携わる担当者を対象とした研修会を実施する。研修会では、女性活躍の必要性及び女性が管理職を目指す雰囲気作りのポイント等について提供する。また、女性のキャリアアップに対する意欲を向上させるため、女性従業員を対象に、ロールモデルとなる女性管理職を招いた交流会を開催する。交流会では、リーダーに必要な能力取得及び実際に活躍する女性

の事例紹介を行い、キャリアアップを目指すきっかけを提供する。

　さらに、自ら起業し、経営者として活躍する女性を支援する。金融機関と連携して、起業に伴う資金提供及び事業計画策定に対する助言を行う。協力する金融機関について、女性活躍を積極的に支援している企業として広く公表し、金融機関の利益を生み出す。

　以上の取り組みにより、女性の社会的地位が向上することで、自分らしく輝き続けられる社会の実現に近づく。

　都は、上記3点の取り組みを着実に行うことにより、全ての女性が自分らしく輝き、活躍できる社会を実現させていく。

解説

　令和6年度主任選考から、論文課題の「職場もの」が廃止となり、「都政もの」の2テーマから選択する形式となります。

　今回、取り上げる課題は「人が輝く東京」実現に向けた重要課題の一つである「女性活躍」に関するテーマです。論文作成にあたっては、提示される表・グラフ等の資料から的確な課題を抽出・分析する「問題意識」、都が取り組むべき現実的かつ具体的な解決策を考える「問題解決力」、さらに自らの考えを分かりやすい表現で、論理的に伝えることが求められます。

　特に大切な点は（1）で指摘される課題と（2）で取り上げる解決策について整合を図ることです。（1）の内容を踏まえて（2）を論じることが必要ですが、そのためには、（2）の解決策から逆算して（1）の課題を洗い出すという手法も有効です。都政ものを選択する場合は、施策・事業に対する知識量が決め手となるため、日頃から都のHP等により必要な情報を収集することが不可欠です。

　そこで基本となるのは、「『未来の東京』戦略」などの主要な行政計画や知事の施政方針表明・所信表明、各局が発表する重要施策等です。これらを随時確認しながら、都政の主要テーマごとに幅広い観点から課題と解決策を整理した表を作成し、知識を体系化してストックを増やしていくことが有効な対策となります。また、日頃から新聞報道などで都政のみならず、日本・世界の動向を把握しておく必要もあるでしょう。

　そして、試験本番においては、論文を書きだす前に必ずレジュメを作成し

てください。レジュメ作成により、課題と解決策の対応関係や解決策がハード面、ソフト面からバランスの良い内容となっているかについての点検が可能となります。これにより、書き直しの手間が減り、限られた試験時間を効率的に使うことが可能となります。日頃からの試験勉強の中でこれらのことを意識しながら取り組んでみてください。

講評

　まず、（1）では、提示された資料から自らの視点で適切に課題を抽出・分析することで、問題意識の高さを示す必要があります。今回の論文例では、各表・グラフから的確かつバランスよく課題が抽出されています。課題分析にあたり、過去との比較や現状を表す数字が使われている点も説得力を高めています。各資料にも全般的かつコンパクトに触れられており、視野の広さが伝わるとともに、リズムの良い文章となっています。総じて、出題意図に沿った説得力のある記述となっています。

　その上で、課題に対する原因分析の箇所について、一部資料からは直接読み取れないやや唐突な記述が見られるため、丁寧に解説をしたり、根拠を示しながら説明していくとより納得性の高い内容となります。

　（2）では、具体的な取り組みを論じる前に、各課題を踏まえた解決策の方向性を記述することが求められます。今回の論文例では、各解決策の冒頭に3行程度でポイントがコンパクトに記載してあり、読み手に対して取り組みの必要性が伝わる内容となっています。

　次に解決策の提示ですが、全体を通して、分かりやすい表現で具体的かつ論理的に記述できています。各段落において、冒頭の簡潔な概要の記述を受け、「そこで」「また」「さらに」など同じ言葉が繰り返し使用されていることで、論理展開が統一され、全体として読みやすい文章となっています。具体的内容についても、財政的負担の大きいハード施策のみならず、説明会や研修、男女双方の意識改革を含めた幅広い内容となっています。

　また、テレワークやオンライン、SNSやアプリの活用にも触れられているなど、都の施策方針や現在の社会状況を踏まえた必要性が高い内容となっています。解決策の提示については、本論文のように都の立場で実現できるものを取り上げることが大切です。

　今回の論文で論じた施策では、民間事業者の女性の働きやすさについて触れており、新たな出題形式に沿った形式となっています。人事委員会の告知によると、令和6年度から「○○の視点に触れながら」という条件が付きますが、一方でこの視点に関する文章量の多寡では合否は決まらないとも言っています。条件には必ず応える必要がありますが、捉われすぎて論文全体の構成がいびつになることも望ましくありません。準備の段階で、区市町村や民間事業者など、都以外のステークホルダーとの連携を視野に入れた施策を考えておくとともに、想定していなかった「視点」が条件とされた場合でも、慌てずに落とし込めるように訓練しましょう。

第3章

論文攻略法

217

東京都主任試験ハンドブック 第34版
定価：本体2500円＋税

2024年6月18日　初版発行

編集人―――㈱都政新報社　出版部
発行人―――吉田　実
発行所―――㈱都政新報社
　　　　　　〒160-0023　東京都新宿区西新宿7-23-1　ＴＳビル
　　　　　　電話03-5330-8788　　　FAX 03-5330-8904
　　　　　　振替00130-2-101470
　　　　　　http://www.toseishimpo.co.jp/
デザイン―――荒瀬光治（あむ）
印刷・製本――藤原印刷株式会社

ISBN978-4-88614-286-3　C2030